体育授業の
リスクマネジメント
実践ハンドブック

環太平洋大学体育学部 編

大修館書店

はじめに

　「スポーツにケガはつきもの」という表現がある。たしかに，スポーツ活動には本質的に不可避な危険が内在しており，ケガが一切生じないということは現実的ではない。しかし，だからといって，スポーツ活動におけるケガの発生を漫然と受け入れて良いかといえば，それは否である。指導者には，スポーツ活動に内在する危険（リスク）を如何に低減させるかが問われている。

　このような問題については，スポーツ法学の分野を中心に研究が発展し，1969 年の伊藤堯『体育と法』を嚆矢として，体育・スポーツ事故に関する法的責任についての研究成果が蓄積されてきた。その後，2009 年の小笠原正・諏訪伸夫編『スポーツのリスクマネジメント』は，これらを踏まえた包括的なリスクマネジメント研究として上梓され，日本で初めてスポーツに関するリスクマネジメントを体系的に説いた。

　本書は，このような研究蓄積を踏まえた上で中学校・高等学校の保健体育科教員やそれを目指す大学生を主たる対象にして，体育授業のリスクマネジメントについて「実践」を中心にまとめたものである。それは，教員にとってみれば，法的責任を理解した上で「実際にどのような指導をしたら良いのか」ということが問題として前景化するからである。本書が「実践」を中心にした点は，「法的理論」や「判例」に関する記述がその中心を占めている従来の書籍と本書を分かつ，大きな特徴でもある。

　さらに本書の特徴を掘り下げていこう。まず，スポーツ活動の形態は様々であり，学校における活動と学校外における活動に区分できる。これらには，スポーツ活動に関するリスクマネジメントとして通底するところもあるが，学校については，学校安全の体系の中にスポーツ活動を位置づけ，そのリスクマネジメントについて考える必要があるので，本書では，学校におけるスポーツ活動に照準を合わせてまとめることとした。

つぎに，学校におけるスポーツ活動は，教科体育，体育的行事，運動部活動に区分することができ，それらの活動の態様もかなり異なる。教科体育及び体育的行事は，教育課程内の活動として全員参加が前提となる一方で，運動部活動は，教育課程外の活動で自主的な参加を前提としている。また，教科体育及び体育的行事に比べて，運動部活動では一般的に高度な水準でスポーツ活動が実施されている。本書では，これらを一緒くたにはできないと判断し，教科体育及び体育的行事を射程とした。

　さらに，スポーツ活動に関するリスクの態様も様々である。スポーツ活動に関するリスクは，スポーツ活動中の傷害から暴力（いわゆる体罰），ハラスメントなどの法的責任が問われる場合のある事案まで広範である。本書は，これらのうちスポーツ活動に本質的に内在するリスクを対象としている。すなわち，暴力，ハラスメントなどのようにスポーツ活動に本質的に内在しているとはいえない諸リスクについては扱っていない。

　以上のような趣旨に基づいて，本書を次のとおり構成している。序章では，各章を理解するための前提として学校安全の概要ならびに体育授業における事故の現状，事故防止のための活動及び事故後の対応について概説している。第1章から第7章は，学習指導要領における運動領域に対応させ，第8章及び第9章は，その他の体育的活動として野外活動，体育的行事を加え，学校現場で活用しやすい構成にしている。各章では，各運動領域について，その概要，事故の現状，教員の注意義務，安全教育及び安全管理について解説している。なお，第8章の野外活動は，一般に校外での活動となり，通常とは異なる対応が求められるため，緊急時対応についても記している。また，本書が「実践」に重きを置いていることを踏まえ，各章末には「チェックリスト」を付し，現場で活用しやすいようにしている。さらに，各章に共通する事項（熱中症予防，応急手当等）については，コラムを設け，解説している。

本書の根底には，リスクがあるからといって活動を止めてしまうのではなく，リスクを低減させ，我々の運動文化を継承していきたいという思いがある。本書が，読者の皆様の実践のヒントになれば，編集委員として望外の喜びである。

令和4年12月1日
平塚　卓也

目　次

序　章

体育授業の
リスクマネジメント
概論

1 学校安全の概要

（1）学校安全の体系と学校保健安全法

　本書は体育授業に焦点化したものであるが，体育授業のリスクマネジメントは学校安全の一部として位置づいているため，まずは学校安全について概説する。

　学校安全は，学校保健，学校給食とともに学校健康教育の3領域の1つに位置づくものであり，その目的は「児童生徒等が，自他の生命尊重を基盤として，自ら安全に行動し，他の人や社会の安全に貢献できる資質・能力を育成するとともに，児童生徒等の安全を確保するための環境を整えること」である。学校安全の活動は，「児童生徒等が自らの行動や外部環境に存在する様々な危険を制御して，自ら安全に行動したり，他の人や社会の安全のために貢献したりできるようにすることを目指す安全教育と，児童生徒等を取り巻く環境を安全に整えることを目指す安全管理，そして両者の活動を円滑に進めるための組織活動という3つの主要な活動」から構成されている（文部科学省，2019，pp.10-11，下線は筆者）。

　学校安全の活動は，法的には学校保健安全法の第26条～第30条によって定められている。同法では，まず第26条において，学校安全を推進す

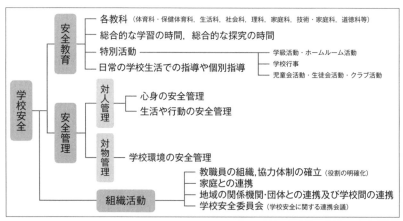

図1　学校安全の体系（文部科学省，2019，p.12）

るため，学校設置者の責務として「当該学校の施設及び設備並びに管理運営体制の整備充実その他の必要な措置を講ずるよう努めるものとする」ことを規定している。その上で，学校や校長の義務や努力義務として「学校安全計画の策定等」（第27条），「学校環境の安全の確保」（第28条），「危険等発生時対処要領の作成等」（第29条），「地域の関係機関等との連携」（第30条）を規定している。

（2）学校安全計画と危機管理マニュアル
① 学校安全計画

　前述のように，学校保健安全法第27条は，学校において「学校安全計画」を策定しなければならないことを定めている。学校安全計画には，児童生徒の安全の確保を図るため，少なくとも「a.当該学校の施設及び設備の安全点検（安全管理に関する事項）b.児童生徒等に対する通学を含めた学校生活その他の日常生活における安全に関する指導（安全教育に関する事項）c.職員の研修その他学校における安全に関する事項（組織活動に関する事項）」を含めることとなっている。また，計画は，策定するだけではなく実施・評価し，学校の状況や学校安全の取り組み状況等を踏まえて，毎年度，改善されるべきものである。

　体育授業との関係においては，学校安全計画の中に体育に関係する事項を位置づけて，学校安全計画と関連をもって体育授業のリスクマネジメントを展開していく必要がある。具体的には，学校安全計画において，たとえば，「a.安全管理」の事項として，体育館，プール，格技場等の施設やマット，ラケット，ボール等の器具・用具の安全点検について，「b.安全教育」の事項として，保健体育において指導すべき内容について，「c.組織活動」として，熱中症予防に関する教職員の研修会について等を明記することが考えられる。

　なお，学校安全計画の作成例については，「『生きる力』をはぐくむ学校での安全教育」（文部科学省, 2019, pp. 126-135）が参考になるので参照されたい[1]。

② 危機管理マニュアル

　学校保健安全法第29条は，学校において「危険等発生時対処要領」（以下，危機管理マニュアル）を作成することとしている。危機管理マニュアルは，学校安全計画を踏まえて，危機管理を具体的に実行するために必要な事項や手順等を示したものであり，学校管理下で危険等が発生した際，教職員の円滑かつ的確な対応を図るために作成するものである。作成にあたっては，教職員の役割を明確にし，児童生徒の安全を確保する体制を確立するとともに，保護者，地域，関係機関等に周知し，地域での連携体制を築いていくことが求められる。また，事前・発生時・事後の3段階での危機管理を想定して，安全管理および安全教育の両面から危機管理に関する取り組みを検討することが求められる。さらに，作成後も，訓練等をもとに見直し・改善を図っていく必要がある。

　危機管理マニュアルの内容は，学校における諸活動に通底するものであるので，体育授業のリスクマネジメントに関しても学校全体の危機管理マニュアルを踏まえる必要がある。その上で，体育授業に関して個別の詳細な計画・マニュアルを作成していくことが求められる。以降，**本章の2**では体育授業に関する事前の危機管理について，**3**では体育授業に関する発生時・事後の危機管理について確認する。

　なお，危機管理マニュアルの作成については，「学校の危機管理マニュアル作成の手引」（文部科学省，2018）が参考になるので参照されたい[2]。

2 体育授業における事故の現状とその防止

（1）体育授業における事故の現状

　事前の危機管理では，想定される危険を明確にしておくことが求められる。ここでは，体育授業における事故事例を確認し，体育授業において想定される危険を明確にする。

　日本スポーツ振興センター「学校の管理下の災害〔令和3年版〕」によれば，令和2年度に学校管理下において発生した負傷・疾病は，小学校263,385件，中学校221,705件，高等学校等189,951件であった。そのうち，

「体育（保健体育）」における負傷・疾病は，小学校73,264件（約28％，小区分1位），中学校72,606件（約33％，小区分2位），高等学校等48,634件（約26％，小区分2位）となっており，体育授業は，学校管理下において負傷・疾病が起こりやすい活動であると言える[*1]。

　また，同センターの「学校事故事例検索データベース」では，平成17年度から令和2年度までの死亡・障害事故の事例（死亡1,610件，障害6,794件，総数8,404件）を掲載している。このうち「体育（保健体育）」は，死亡96件，障害916件，総数1,012件であった。

　さらに詳しく見ると，いずれの学校種においても学年が上がるにつれて発生件数が多くなっている（**表1**）[*2]。男女別では，男子が死亡72件，障害626件に対し，女子が死亡24件，障害290件となっており，男子の方が顕著に多い。また，競技種目別（**表2**）では，死亡事故は持久走・長距離走（25件）や水泳（14件）に多く見られる。一方で，障害事故は，器械運動系種目（124件），陸上競技系種目（110件）や球技のサッカー・フットサル（104件），ソフトボール（102件），バスケットボール（83件）

表1 学校種・学年別の死亡・障害事故の件数

（学校事故事例検索データベースをもとに筆者作成，表2〜4も同）

学年	死亡	障害
小1	8	19
小2	5	26
小3	6	28
小4	1	35
小5	2	49
小6	12	72
中1	7	75
中2	2	97
中3	13	133
高1	7	107
高2	12	132
高3	14	145

表2 競技種目別の死亡・障害事故の件数

	競技種目	死亡	障害
器械運動	マット運動	0	64
	跳箱運動	1	46
	鉄棒運動	1	14
陸上競技	持久走・長距離走	25	48
	走り高跳び	2	27
	走り幅跳び	0	5
	障害走（ハードル）	0	5
	短距離走	9	14
	投てき	0	4
	陸上競技（その他）	1	7
水泳	水泳	14	50
球技	サッカー・フットサル	7	104
	ソフトボール	1	102
	バスケットボール	7	83
	バドミントン	0	41
	バレーボール	2	20
	ハンドボール	1	12
	ドッジボール	0	12
	テニス（含ソフトテニス）	0	7
	野球（含軟式）	0	6
	ラグビー	0	4
	卓球	0	5
	ポートボール	0	2
	球技（その他）	1	19
武道	柔道	2	32
	剣道	0	2
	相撲	1	0
その他	準備・整理運動	8	26
	体操（組体操）	0	37
	スキー	4	15
	体操（その他）	0	7
	縄跳び	0	5
	筋力トレーニング	1	0
	その他	6	76
	不明	2	15
総計		96	916

表3 死亡種別の件数	
死亡種別	件数
心臓系突然死	53
中枢神経系突然死	11
溺死	9
大血管系突然死	11
頭部外傷	4
内臓損傷	4
窒息死（溺死以外）	2
全身打撲	1
熱中症	1
総計	96

表4 障害種別の件数	
障害種別	件数
視力・眼球運動障害	185
歯牙障害	169
外貌・露出部分の醜状障害	142
精神・神経障害	128
胸腹部臓器障害	84
上肢切断・機能障害	55
せき柱障害	57
手指切断・機能障害	53
聴力障害	19
下肢切断・機能障害	19
足指切断・機能障害	3
そしゃく機能障害	2
総計	916

等に多く見られる。さらに，死亡・障害の種別を見ると，死亡種別では，心臓系突然死（53件）が死亡事故の半数以上を占めている（**表3**）。障害種別では，視力・眼球運動障害（185件），歯牙障害（169件），外貌・露出部分の醜状障害（142件），精神・神経障害（128件）等が多く見られる（**表4**）。なお，各種目の詳細については，本書の各章にて扱う。

（2）体育授業における安全教育と安全管理

　ここまで，事前の危機管理として，体育授業における事故事例から体育授業で想定される危険を確認してきた。しかし，危機管理においては，想定される危険を明確にしただけでは不十分であり，危険（リスク）を軽減させることが求められる。その活動は，前述の学校安全の体系（**図1**）に照らせば，安全教育と安全管理に分けて考えることができる。

① 安全教育

　安全教育とは，簡潔に言えば，児童生徒の安全に関する資質・能力を育成することである。教職員が安全管理をするだけでなく，児童生徒が

自ら危険を予測・回避し安全な環境をつくっていくことが学校安全の実現につながるのであり，児童生徒の安全に関する資質・能力を育成することは重要な意味を持つ。安全教育は，特定の教科ではなく，各教科，総合的な学習の時間，総合的な探求の時間，特別活動等，教育課程全体に関わるものであることから，カリキュラム・マネジメントの重要性が指摘されている。年間を通じて指導すべき内容を整理して，学校安全計画に位置づけ，系統的・体系的に安全教育を計画・実施・評価する必要がある。

　また，安全教育は，児童生徒の発達段階に応じて行うものである。文部科学省（2019）では，各段階における安全教育の目標が提示されており，学習指導要領では，学校種ごとに各教科等に関連する内容が記載されている[*3]。たとえば体育に関して，中学校学習指導要領（平成29年告示）では，「水泳の事故防止に関する心得については，必ず取り上げること」（p.125），「武道場などの確保が難しい場合は指導方法を工夫して行うとともに，学習段階や個人差を踏まえ，段階的な指導を行うなど安全を十分に確保すること」（pp.125-126）等が示されている。なお，各種目における安全教育の内容については,本書の各章で詳しく述べる。

　安全教育では,児童生徒に「自ら危険を予測し,回避する」能力や「主体的に行動する態度」を育成することが求められるようになっており，「『ルールや約束』中心の学習から『危険予測・回避』の学習へ」と学習の重心を移す必要が指摘されている（渡邉編，2019, p.175）。たとえば，体育授業における具体的な事故事例をもとに，事故の原因や防止の方策を考えること，視聴覚教材等によって運動学習場面を提示し，危険予測をすること，応急手当の方法を学習すること等が挙げられる。この他にも，児童生徒が安全上の課題について自ら考え主体的な行動がとれるような教育方法の工夫が求められる。

② 安全管理

　学校における安全管理は，児童生徒の安全を確保するための環境を整えることであり，それは，対人管理と対物管理に分けることができる。また，前述の安全教育と一体的な活動を展開することによって，学校安

全の実現につながる。

a．対人管理

　対人管理は，主に児童生徒の心身の状態や行動について把握・管理することである。児童生徒の心身の状態に関しては，定期健康診断の結果，児童生徒・保護者からの聴き取り情報，教員による観察等によって把握・理解に努める必要がある。たとえば，体育授業における死亡事故の半数以上は心臓系突然死であるが，その予防のための管理として，心臓検診の結果について教員間で情報共有をするとともに，医師の診断によってどの程度の運動までは許可されているのか等を把握した上で学習活動を計画することが求められる。さらに，児童生徒の健康状態だけでなく，発達段階や技能・体力の程度について把握することも体育授業を実施する上では欠かせず，それらに応じて学習活動を計画することが求められる。

　他方で，児童生徒の危険な行為についても適切に管理・指導していく必要がある。たとえば，体育授業においては，ルールを無視した行為や器具・用具の不適切な使用が事故の発生につながることから，ルールの遵守や器具・用具の適切な使用方法について指導する必要がある。

b．対物管理

　対物管理は，主に校舎等内外の施設・設備や器具・用具等を点検・管理することである。安全点検は，継続的かつ計画的に行う必要があるため，学校保健安全法第 27 条ならびに同法施行規則第 28 条および第 29 条の規定に従い，定期的・臨時的・日常的に実施することとなっている。安全点検の実施にあたっては，学校安全計画と関連づけながら安全点検の実施計画および点検表を作成する。

　点検表の作成にあたっては，各対象物に合わせて目視・打音・振動・負荷・作動等の点検の観点や方法を記載する。また，点検表には判定結果を記載し，不良があればその程度を記載するとともに，学校保健安全法第 28 条に従い，遅延なく改善に必要な措置を講じなければならない。

　実施計画の作成にあたっては，各対象物に関する分担を明確にする必要がある。対象物によっては専門家による点検が必要であったり，教員

の負担軽減の観点からも，教員による安全点検は授業等に付随して行う日常点検の範囲にとどめるべきであるため，専門的な知識や経験を有する地域ボランティアの参加や民間委託等が提言されている（文部科学省，2019，p.56）。他方で，教員の立ち会いのもと，児童生徒が安全点検に参画することは，安全教育の観点から有意義な活動と言える。

体育授業では，体育館の床板の剥離による事故やゴール等の転倒による事故等の施設・設備や器具・用具等に起因する事故が発生している。ただし，それらが事故を発生させるわけではなく，それらの管理が適切でなかった場合に事故が発生するため，点検等の適切な対物管理は欠かすことができない活動だと言える。各種目における対物管理の方法については，本書の各章を参照されたい。

3 体育授業における事故対応と報告・調査

体育授業における事故の未然防止は理想として追求すべきであるが，現実には事故が発生してしまう場合があり，その際には迅速かつ適切な対応が必要となる。事故対応に関しては，2016年3月，文部科学省により「学校事故対応に関する指針」が公表されている[4]。本節では，同指針に基づきながら，体育授業における事故対応と報告・調査について概説する。

（1）体育授業における事故対応

まず，事故発生時に最優先すべきことは，傷病者に対する応急手当である。発見者は，被害にあった児童生徒の症状を確認し，症状に応じた応急手当を行うとともに，近くにいる教職員，児童生徒に応援を要請する。また，指揮命令者（管理職または教職員）は，教職員に対して役割分担を指示し，教職員はそれぞれの役割分担に応じて，応急手当，必要に応じて救急車やAEDの手配等を優先して行いながら，周囲の児童生徒の不安の軽減，事故の発生状況および対応についての記録等を行う。これらを迅速かつ的確に行うためにも，日頃より学校全体の救急および緊急連絡体制が確立されている必要がある。

次に，学校は，被害にあった児童生徒の保護者に対して，事故の発生を可能な限り早く連絡し，事故の概況や傷病の程度など必要最低限の情報を報告する（第1報）。続けて，傷病の詳細や搬送先の医療機関名の情報等が整理できてきたら，第2報として正確かつ迅速な連絡に努め，保護者と情報の共有を図る。なお，この時点での学校側の対応は，その後の保護者との信頼関係にも大きく影響するので，よりきめ細やかな責任ある対応が求められる。さらに，必要に応じて，憶測に基づく誤った情報が広がることを防ぐために，被害にあった児童生徒以外の保護者や報道機関等に対しても情報の公表，説明を行う。この場合，被害にあった児童生徒やその保護者の意向をあらかじめ確認しておく必要がある。

　また，学校は，死亡事故および治療に要する期間が30日以上の負傷や疾病を伴う場合等の重篤な事故が起こった場合には，学校の設置者等に速やかに報告を行う必要がある[*4]。ヒヤリハット事例等，重篤な事故に至らなかった場合でも教職員や学校設置者と情報共有を図り，原因を調査し，事故防止のための対策を講じる必要がある。

　さらに，学校における事故では，他の児童生徒が当事者や目撃者として関わっている場合がある。被害にあった児童生徒だけでなく，それらの児童生徒にも相当の心的負担がかかっている場合があるので，事後を含めて，児童生徒の心のケアについても欠かすことができない。

　なお，体育授業に関しては，学校内における通常授業であれば，その他の授業等と同様に当該学校の危機管理マニュアル等に基づく対応を行うこととなる。他方で，キャンプ，スノースポーツ，マリンスポーツ等の学校外における実習授業については，通常とは異なる取り組みが求められるので，本書の第8章を参照されたい。

（2）体育授業における事故の報告・調査

　学校における事故調査は「基本調査」と「詳細調査」に分けることができ，それらの目的は「日頃の安全管理の在り方等，事故の原因と考えられることを広く集めて検証し，今後の事故防止に生かすため」および「被害児童生徒等の保護者や児童生徒等及びその保護者の事実に向き合いたいな

どの希望に応えるため」等とされている。

　基本調査は，調査対象となる事故発生後，速やかに着手する調査である。対象となるのは，「死亡事故及び治療に要する期間が30日以上の負傷や疾病を伴う場合等の重篤な事故」のうち，被害にあった児童生徒の保護者の意向を踏まえて，学校の設置者が必要と判断した事故である。基本調査では，原則として学校の設置者の指導・助言のもとに学校が実施主体となり，その時点で得られる情報，事実関係を迅速に整理する。具体的には，学校は，原則として3日以内を目途に関係するすべての教職員から聴き取りを実施する。また，必要に応じて，事故現場に居合わせた児童生徒へも聴き取りを実施する。ただし，聴き取りにあたっては，その目的を説明するとともに心のケア体制を整え，対象者の負担を軽減するように努める必要がある。特に児童生徒に関しては，保護者の理解・協力が必要不可欠である。被害にあった児童生徒やその保護者には，直後から無理に状況確認をするのではなく，その意向を確認しつつ，今後の接触が可能となるような関係性を築くようにする。なお，聴き取り項目や記録用紙の例については，文部科学省（2016）を参照されたい。

　基本調査によって得られた情報は，情報源を明記し，事実と推察を区分し，時系列にまとめ，学校の設置者等に報告する。また，収集した記録用紙や連絡に用いた電子メール等も重要な資料となるので，一定期間保存する。他方で，基本調査の経過やそれによって得られた情報等については，適宜，適切な方法で被害にあった児童生徒の保護者に説明する。調査開始から概ね1週間以内を目安とするが，矛盾のないよう情報を整理し，この時点で得られている情報には限界があることも説明する。

　以上の基本調査を踏まえた上で，学校の設置者は，被害にあった児童生徒の保護者の意向に十分に配慮し，詳細調査に移行するか判断する。詳細調査とは，「学校事故対応の専門家など外部専門家が参画した調査委員会において行われる詳細な調査であり，事実関係の確認のみならず，事故に至る過程を丁寧に探り，事故が発生した原因を解明するとともに，事故後に行われた対応についても確認し，それによって再発防止策を打ち立てることを目指すもの」である。

詳細調査の実施主体は，主に学校の設置者や都道府県等の担当課が想定されるが，実際の調査は外部の委員で構成する調査委員会を設置して実施する。これは，事故に至る過程や原因を調査するには高い専門性が求められること，調査の公平性・中立性を確保することによる。なお，調査委員会による調査の流れや調査事項については，文部科学省（2016）を参照されたい。また，学校や学校の設置者等は，調査報告を踏まえて事故予防・再発防止に向けて努めることとなる。

　以上の流れをまとめたのが**図2**である。

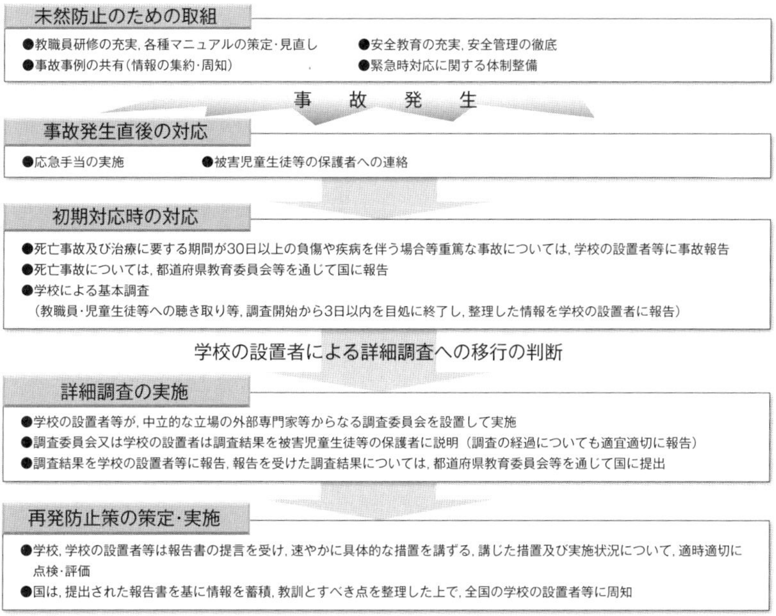

未然防止のための取組
- 教職員研修の充実，各種マニュアルの策定・見直し
- 事故事例の共有（情報の集約・周知）
- 安全教育の充実，安全管理の徹底
- 緊急時対応に関する体制整備

事　故　発　生

事故発生直後の対応
- 応急手当の実施
- 被害児童生徒等の保護者への連絡

初期対応時の対応
- 死亡事故及び治療に要する期間が30日以上の負傷や疾病を伴う場合等重篤な事故については，学校の設置者等に事故報告
- 死亡事故については，都道府県教育委員会等を通じて国に報告
- 学校による基本調査
　（教職員・児童生徒等への聴き取り等，調査開始から3日以内を目処に終了し，整理した情報を学校の設置者に報告）

学校の設置者による詳細調査への移行の判断

詳細調査の実施
- 学校の設置者等が，中立的な立場の外部専門家等からなる調査委員会を設置して実施
- 調査委員会又は学校の設置者は調査結果を被害児童生徒等の保護者に説明（調査の経過についても適宜適切に報告）
- 調査結果を学校の設置者等に報告，報告を受けた調査結果については，都道府県教育委員会等を通じて国に提出

再発防止策の策定・実施
- 学校，学校の設置者等は報告書の提言を受け，速やかに具体的な措置を講ずる，講じた措置及び実施状況について，適時適切に点検・評価
- 国は，提出された報告書を基に情報を蓄積，教訓とすべき点を整理した上で，全国の学校の設置者等に周知

※必要に応じて，保護者と学校双方にコミュニケーションを取ることができるコーディネーターを配置

図2　「学校事故対応に関する指針」に基づく取組の流れ（文部科学省，2016）

（平塚卓也）

注

* 1　なお，中学校における小区分１位は，体育的部活動96,635件（約44%），高等学校等における小区分１位は，体育的部活動106,495件（約56%）である。

* 2　表１に記載している他に，死亡は，特別支援学校の中学部２件，高等部５件，障害は，特別支援学校の小学部４件，中学部２件，高等部12件，高等専門学校６件があった。

* 3　学習指導要領（平成29・30年告示）等においては，「防災を含む安全に関する教育（現代的な諸課題に関する教科等横断的な教育内容）」として，主要なものが抜粋され，通覧性を重視して掲載されている。文部科学省（2019）のpp.152－170にも同じものが掲載されているので，参照されたい。

* 4　公立学校，国立学校，私立・株式会社立学校といった学校の設置形態によって，対応が異なる点もあるので，詳しくは，文部科学省（2016）のp.12を参照されたい。

引用・参考文献

1）文部科学省（2019）「生きる力」をはぐくむ学校での安全教育.

2）文部科学省（2018）学校の危機管理マニュアル作成の手引.

3）渡邉正樹編（2020）学校安全と危機管理　三訂版．大修館書店.

4）文部科学省（2016）学校事故対応に関する指針.

「緊急時連絡組織体制」の落とし穴

　各学校では「学校の危機管理マニュアル作成の手引」を活用し，自校に沿った事故回避策や事故発生時の対応をまとめているが，実際に事故が起きた際の処理経路には，様々な落とし穴が潜んでいる。本コラムでは，ある事例に対して2つの視点と改善のための考え方を示すことで，「緊急時連絡組織体制」についてあらためて考える。

> **事例▷**　2019年11月，ある中学校の体育授業で，2年生の男子生徒がハードルを跳んだ際に転倒し，大怪我をした。事故状況調査によると，男子生徒が強い痛みのため起き上がれずにいることを周囲の生徒が担当教員に伝えたにもかかわらず，担当教員は適切な処置を行わずに，そのまま授業を続けた。心配した周囲の生徒は別の教員を呼びに行き，駆けつけた教員らが男子生徒を車いすで運ぶとともに家族に連絡した。生徒は父親の車で向かった病院で右大腿骨頸部骨折と診断され，転院の末，緊急手術を受けた。学校側は，母親からの連絡を受け，事故から7時間後に初めて怪我の程度を把握し，校長に事故を報告した。

【視点1】なぜ，男子生徒は父親の車で病院に向かったのか

　当該校を所管する市の教育委員会は，学校側が怪我の程度を正しく認識せず，救急車を呼ばなかったことについて不備を認め謝罪している。当該校にも「危機管理マニュアル」はあったが，この事故においてはマニュアルに沿った処置や組織的な対応が行われず，教員個人の感情とそれに基づく判断によって行動がとられたと考えられる。

【視点2】なぜ，校長への事故の経過報告が遅れたのか

　学校の最高責任者である校長に事故の経過が迅速に報告されな

かった理由として，「緊急事態であればあるほど，受け手（校長）の反応が過敏になる」という報告者（当該教員）の恐れが影響しているのではないかと考える。特に，不祥事につながるような緊急連絡の場合，当該教員が「どう報告すれば問題を抑えられるか」と考え報告することを躊躇した結果，事実を歪ませて報告したり連絡するまでに無駄な時間が生じたりすることが考えられる。また，これまでの受け手の言動や報告に対する指示がこれらの恐れを生み，このような事態を引き起こしている可能性もある。

　これらの問題には様々な要因が影響しているが，「個人」の問題に帰するのではなく，「組織」の問題として見直す必要がある。以下に，筆者が考える，円滑な「緊急時連絡組織体制」のために重視すべき点をまとめる。

・教職員全員が組織の目的を正しく理解し，その目的達成のために学校長が示す方針を十分に熟知すること。
・教職員が緊急事態に出くわすことはまれであるが，日頃から緊急連絡の要否判断などについて訓練しておくことは重要である。緊急時における適否の判断は，日頃無駄と思われがちな準備と訓練の反復に左右されるからである。
・緊急事態は真っ先に学校長が承知しなければならないが，緊急事態の程度を正確に把握し，優先順位を的確に判断した上で対応できる組織体系を，緊急連絡担当部門の責任者を中心につくる。

（久田 孝）

引用・参考文献

１）朝日新聞「学校の『対応不備』検証 直方，体育授業で中２重傷事故」2020年3月5日朝刊.
２）山内利典（2008）緊急連絡は何故トップに届かないのか. TRC-EYE Vol.170.
　　https://www.tokiorisk.co.jp › pdf › pdf-trc-eye-170 （2021年12月2日閲覧）

第**1**章

体つくり運動の
リスクマネジメント

1 体つくり運動におけるリスクの把握

（1）体育授業における体つくり運動を知る

　体つくり運動は，平成 10 年（小・中学校），平成 11 年（高等学校）に改訂された学習指導要領より，体操に代わって新たに導入された（小学校低学年および中学年は平成 20 年改訂から導入）。その背景として，運動習慣の二極化をはじめ，日常動作や運動場面において巧みな運動ができない，運動遊びやスポーツで仲間との関わりが上手くできないなど，子どもの心や体の現状が問題視されたことが挙げられる。その結果，心と体を一体として捉えるための「体ほぐし運動」と子どもの体力向上を直接的なねらいとした「体力を高める運動」の 2 つの内容から構成される新たな領域として，体つくり運動が導入された。その後，改訂を重ね，平成 29 年からは，「体ほぐしの運動」「多様な動きをつくる運動」「体の動きを高める運動」「実生活に生かす運動の計画」等へと構成が変更された[*1]。

　体つくり運動は，自他の心と体に向き合って，体を動かす楽しさや心地よさを味わい，心と体をほぐしたり，体の動きを高める方法を学んだりすることができる領域である。

①小学校

　体つくり運動で学んだことを授業以外でも行うことをねらいとした学習を行う。具体的には，体ほぐしの運動（遊び）の主なねらいは，心と体の変化や心と体の関係に気づいたり，みんなで関わり合ったりすることである。多様な動きをつくる運動（遊び）と体の動きを高める運動の主なねらいは，体の様々な動きを身につけたり高めたりすることである。小学校低学年から中学年にかけて様々な基本的な体の動きを培っておくことは，将来の体力の向上につなげていくために重要であり，高学年では，低学年や中学年において育まれた体の基本的な動きをもとに，各種の動きをさらに高めることにより，体力の向上を目指している[1]。

②中学校

　学校の教育活動全体や実生活で生かすことをねらいとして，第 1 学年および第 2 学年では，体を動かす楽しさや心地よさを味わい，体の動き

を高める方法などの理解や目的に適した運動を身につけ組み合わせることができるようにすることが求められている。第3学年では，体を動かす楽しさや心地よさを味わい，健康の保持増進や体力の向上を図り目的に適した運動の計画を立て取り組むことが求められている[2]。

③高等学校

これまでの学習を踏まえて，自己の体力や生活に応じた継続的な運動の計画を立て取り組み，実生活に役立てることがねらいとされている。入学年次では，体を動かす楽しさや心地よさを味わい，運動を継続する意義，体の構造，運動の原則などを理解するとともに，健康の保持増進や体力の向上を目指し，目的に適した運動の計画を立て取り組むことができるようにすることが求められている。次の年次以降では，体を動かす楽しさや心地よさを味わい，体つくり運動の行い方などを理解するとともに，実生活に役立てること，生涯にわたって運動を豊かに継続するための課題に取り組み，考えたことを他者に伝えること，および体つくり運動に主体的に取り組むとともに，協力，参画，共生などの意欲を育み，健康・安全を確保できるようにすることが求められている（**表1**）。

（2）体つくり運動におけるリスクを分析する

体つくり運動は，他の運動種目と異なり，特定の用具が指定されているわけではなく，身近な用具や，自己や他者の体などを用いて運動（遊び）を行う。たとえば，ボールや棒といった用具を操作する動き，自重負荷による動き，ペアでの動き，複数人での動きなど様々ある。そのため，体つくり運動における怪我の発生リスク等も様々に考えられる。ここでは，実際に体つくり運動の授業中に生じた事故について事例を挙げ（**表2〜5**），事故の特徴や背景，要因を整理する。

ボールを使った運動（遊び）では，ボールを受け止められずに「突き指」や「指の骨折」をすることや，必要以上にボールを追い，「壁など周囲の物や人に衝突する」ことは容易に予想できる。体つくり運動では，自分自身でボールを操作する動きのみならず，ペアでボールを扱う動きも多く取り入れられている。1人もしくは2人で動くことに夢中になっている場合

表1 各学年における体つくり運動の構成とその内容

学年		構成と内容	
小学校	1・2年生	〔体ほぐしの運動遊び〕 ・手軽な運動遊び ・心と体の変化に気づく ・みんなで関わり合う	〔多様な動きをつくる運動遊び〕 ・体のバランスをとる運動遊び ・体を移動する運動遊び ・用具を操作する運動遊び ・力試しの運動遊び
	3・4年生	〔体ほぐしの運動〕 ・手軽な運動を行う ・心と体の変化に気づく ・みんなで関わり合う	〔多様な動きをつくる運動〕 ・体のバランスをとる運動 ・体を移動する運動 ・用具を操作する運動 ・力試しの運動 ・基本的な動きを組み合わせる運動
	5・6年生	〔体ほぐしの運動〕 ・手軽な運動を行う ・心と体との関係に気づく ・仲間と関わり合う	〔体の動きを高める運動〕 ・体の柔らかさを高めるための運動 ・巧みな動きを高めるための運動 ・力強い動きを高めるための運動 ・動きを持続する能力を高めるための運動
中学校	1年生 2年生	〔体ほぐしの運動〕 ・手軽な運動を行う ・心と体との関係に気づく ・仲間と関わり合う	〔体の動きを高める運動〕 ・体の柔らかさを高めるための運動 ・巧みな動きを高めるための運動 ・力強い動きを高めるための運動 ・動きを組み合わせる運動
	3年生	〔体ほぐしの運動〕 ・手軽な運動を行う ・心と体は互いに影響し変化することや心身の状態に気づく ・仲間と自主的に関わり合う	〔実生活に生かす運動の計画〕 ・ねらいに応じて運動を行う ・健康の保持増進や調和のとれた体力の向上を図るための運動の計画を立て取り組む
高校	入学年次 その次の年次以降		

には，周囲の状況を把握することが難しくなるだろう。ボールを使った動きの中で，人と接触して怪我をすることが高頻度で生じている。

　また，2人もしくは複数人で両腕を組んだり体の一部をつなげたりした状態で移動すると，誰か1人がバランスを崩した際に，一緒に移動しているすべての人に影響し，転倒する可能性がある。その際，手や足などが自由に使えない状態であることも踏まえると，怪我の危険性がより高いことが予想される。体つくり運動は，小学校から高校までの各学年で実施される領域である。体つくり運動における事故や怪我の防止を考えるためには，事故や怪我が発生した際の行動上の特徴を捉えるとともに，実施する運動（遊び）の持つ本質的な側面から分析し対処していくことも重要であろう。これらの具体例は，**本章2**にて詳述する。

表2 1人での動きの中での事故の例

年度	障害種	対象	内容
2014年	上肢切断・機能障害	小学6年	準備運動でボールを両足に挟んでパスをする運動を行っていた。パスをするタイミングがずれたため体のバランスを崩し，後ろに倒れる。その際，左腕を地面で強打し負傷した。
2016年	視力・眼球運動障害	小学3年	体育の時間に体育館で体つくり運動のサーキットをしていたときだった。本児童は跳び箱8段からターザンロープを使ってセーフティマットへ着地するコーナーで運動をしていた。ちょうどマットにしゃがみ込むような状態で着地したところ，左膝が左眼に当たって負傷した。

表3 2人での動きの中での事故の例

年度	障害種	対象	内容
2006年	歯牙障害	高校3年	体育授業中，2人組で背中合わせに腕を組み，背中にボールを挟んで横方向に走っている際，バランスを崩して転倒し，口部を強打した。
2012年	外貌・露出部分の醜状障害	小学4年	体育の授業を行っていた。準備運動で友達と組んで馬跳びをしていたところ，馬になっていた友達がバランスを崩し倒れたため，跳んでいた本児童が顔から地面に転倒し顔面外傷した。
2017年	上肢切断・機能障害	小学4年	体育の授業中，運動場で馬跳びをしていたところ，ペアの児童の背中に手をついたときに手が滑り，運動場の地面に落下した。その際，左手をつき，左肘の痛みを訴えた。

表4 複数人での動きの中での事故の例

年度	障害種	対象	内容
2009年	視力・眼球運動障害	小学5年	「体ほぐしの運動」として運動場でしっぽ取りゲームをしていた。ゲーム開始数分後，他の児童同士がぶつかった。その勢いで,他の児童の顔（前歯）が本児童の左眼上のまぶたに当たった。まぶたが切れ流血していたためすぐに保健室へ連れて行った。
2017年	外貌・露出部分の醜状障害	小学5年	体育の授業で「体ほぐし運動」の指導中であった。数人が腕を組んで平均台に乗っていたところ，バランスを崩し全員が後方へ倒れた。その際に，本児童は左上腕部を体育館床に打ちつけ，負傷した。
2020年	精神・神経障害	中学3年	体育の授業中，運動場で団体種目の「背中渡り」の練習を行っていたところ，上を走っていた他の生徒が，本生徒のところで2回落下し本生徒の頚部と右肘に当たった。頚部の疼痛および頚部と両上肢の感覚障害が残った。

表5 用具を使った動きの中での事故の例

年度	障害種	対象	内容
2007年	外貌・露出部分の醜状障害	小学3年	ボールを使った折り返しリレーをしていて，ボールを持って戻ってきた友人からボールを受け取る際，勢い余って顔と顔がぶつかり左頬が切れ，友人の折れた歯が刺さった。
2007年	歯牙障害	小学2年	ボールを使ったゲーム中に他の児童とぶつかり，本児童の上前切歯と他の児童の頭部が衝突し負傷した。
2020年	視力・眼球運動障害	小学1年	体育の授業中，運動場で縄跳びをしっぽにしてしっぽ取りゲームをしていたところ，逃げている他の児童のしっぽを取ったときに，取った反動で縄跳びの持ち手と縄が本児童の左眼に当たった。左眼の調節力が減じた。

2 体つくり運動における安全教育

（1）安全な学習環境をデザインする

　体つくり運動の内容は，体育授業で準備運動に取り入れることもしばしば見受けられる。したがって，過去に生じた怪我からも，運動（遊び）を行う際に生じ得る危険性を考慮し，教員が安全面での環境的な配慮を十分

に行うとともに，児童生徒とルールや留意点の共通理解を図ることが重要である。さらに，教員の力だけでは事故防止は不十分なこともあるため，児童生徒自身が危険を予測し，危険から身を守る力を育てていくことが必要になるだろう。体つくり運動では，様々な運動（遊び）を通して，起こり得る事故や怪我を予測し予防できる力をも身につけたい。以下，安全な環境のデザインについて考えていく。

①危険物の把握

　　授業時に，これから実施する運動の説明をする中で欠かせないのが，安全面に対する注意である。衝突すると危険な物が置かれていないか等を確認し，撤去できるものは撤去しておくことが重要である。しかし，移動できないゴール等がある場合には，置いてある場所を認識させ，その場所を避けたり，よく注意して運動させたりすることが大切である。

　　また，使用しないボールを運動する場所の近くに置いておくことも避けるべきである。**図1**は，2人1組でボールを用いた運動を行っている様子である。パスが乱れたときには，ボールをキャッチする人は，その場から大きく動く必要があるため，足元に置いたままのボールにつまずき転倒することも考えられる。このようなことがないように指導者は，使用しないボールを片づけることや周囲の物への注意を呼びかけ，児童生徒に危険回避の認識を持たせなければならない。

②スペースの取り方

　　活動中は人と物が接触するだけでなく，人と人との接触や衝突も起こり得ることを考慮しなければならない。グループごとに運動を行う場合，自分たちの動きに没頭し，隣のグループの状況に気がつかない場合が多い。**図2**は，グループ間のスペースが狭く，衝突する可能性が極めて高い状況にある。したがって指導者は，グループ間やグループ内で十分なスペースをとって活動をするよう指導しなければならない。そして，児童生徒に，周りの状況に気を配りながら運動を実施する習慣を身につけさせたい。

図1 不要なボールが置いてある場面　　**図2** グループ間が近い場面

（2）安全な学習過程をデザインする

　学習課題について，易しいものから難しいものへと難易度を上げていくことは，学習者の興味や関心を高め，達成感をより感じさせることにつながる。ただし，難易度を上げればそれだけ危険度も高まることを考慮しておく必要がある。ここでは，体つくり運動におけるボールを使った活動を例に，学習を段階的に進めるための留意点について説明したい。

　図3，4は，円陣になって一斉にボールを上に投げ，移動して隣の人が投げたボールをキャッチする運動である。**図3**は，ボールを投げる高さが低いため，ボールコントロールがしやすいが，**図4**では，ボールを高く投げており，ボールコントロールやキャッチングが難しくなっている。このように，キャッチングまでに，ボールを上手くコントロールして高く投げる動作と，その後の動作を間に挟む複合課題とすることで，より難しい課題を設定することができる。具体的には，手を数回叩いてからキャッチしたり，体を水平方向にターンさせてからキャッチしたりすることが考えられる。これらの課題を安全かつ有効に実施するためには，難易度を上げると人との接触が起こることや，ボールと人の両方に注意を向けさせる指導が大事になってくる。そして，児童生徒がお互いの運動能力を把握し，自分たちで運動課題を調整できるように指導することが望ましい。児童生徒

図3 学習難易度が低い場面

図4 学習難易度が高い場面

が自分本位にならず，一人ひとりの違いに応じた動きや対応がとれることが大切である。そして，体つくり運動では，競技・競争性を重んじるのではなく，何のための運動なのか（運動の目的）を児童生徒によく理解させ，実施することが大切である。また，そのことが安全性につながることを児童生徒に伝えなければならない。

3 体つくり運動における安全管理

（1）用具・施設をマネジメントする

使用する用具や施設を管理することは指導者にとって欠かせない業務となる。指導者は，学習に際し危険となる物や場所がないか，事前にチェックを行い，もしあれば撤去しなければならない。

体つくり運動で使用される用具は様々であるが，よく使われる用具としては，バレーボールやテニスボール，バランスボール，フラフープ，マット，縄跳び等が挙げられる。用具それぞれの劣化状態や破損の有無の確認，ボールの空気圧点検，管理場所や管理方法の工夫，安全な場所への設置等の配慮が必要となる。また，安全確保に有益な用具としてマーカー（**図5**）が挙げられる。足で踏んでもつまずきにくく，活動エリアを指定する目安

図5 マーカーを使用している場面

となり，安全を確保することができ，持ち運びがしやすく便利なツールである。また，ゴム紐を使用してジャンプしたり，ソフトバレーボールなどの柔らかいボールを使用したりするなど，安全性の高い用具の活用も望まれる。一方，専門の用具がなくても，タオル等を使って代替えすることもできる。ボール取りゲームをするときに**図6**のようにタオルを輪にして縛り，ボール置き台として使用すれば，ボールの位置が明確になり，安定してボールを配置することができる。また，タオルは**図7**のようにしっぽ取りゲームにも使用できる。このように，タオルは使用用途が広く安全性も保たれるため，児童生徒にタオルを持参させることで，自分で使う用具を用意し片づけるという用具の準備・管理意識も高められる。

（2）学習活動をマネジメントする

　体つくり運動には，１人で行う運動，ペアで行う運動，集団で行う運動などがある。その中で，お互いが協力して，相手のことを考えながら自他の心と体に向き合っていくことが求められる。また，児童生徒自身の体力に合わせた運動が実施できるように指導者は配慮しなければならない。

　体つくり運動は，異なる要素の運動を組み合わせて，バランスよく体の動きを高め，自ら運動の計画を立てて実生活の中で実施できるようになる

図6 タオルを使用したボール置き台　　**図7** タオルを使用した「しっぽ取り」ゲーム

ことが最終的な到達点である。そのために，運動開始時に自ら体の状態を確認・調整する習慣を身につけさせることが大切である。体調が悪い時に無理をしないことが，怪我防止につながることを理解させなければならない。

　また，実際の活動場面では，ボールを使った動きの中で，人と接触して怪我をすることが高頻度で生じている。しかし，あらかじめ決まりを定めておくことで，怪我の発生リスクを減らすことはできるだろう。たとえば，ボールを渡す人や方向（前後・左右）を決めておくことや，歩いたり走ったりする方向は一方通行としたり，往復させて元の位置に戻る場合には，折り返し地点での方向（右・左回り）を定めたりするなどが考えられる。一方，道具を使用しない活動場面においても，怪我のリスクは存在する。たとえば，腕や体の一部を組んだ状態での移動は，瞬間的な動きに対応しにくいことから，相手と離れやすいように，また，咄嗟の動きに対応できるように，手をつないだ状態での移動や紐などの両端を持った状態での動きを取り入れる等の工夫が必要であろう。また，速さを競うことよりも，巧みさや正確さを重視する運動（遊び）を取り入れてみるのもよいだろう。使用する用具に対する工夫のみならず運動の方法を考慮し，安全面の配慮を行うことが重要である。

（佐々木 史之・前川 真姫）

注

＊1　学年により領域と内容の名称は異なるが，本章では領域は「体つくり運動」，内
　　　容は「体ほぐしの運動」と「体力を高める運動」と表現することとする。

引用・参考文献

1）文部科学省（2017）小学校学習指導要領（平成29年告示）解説体育編．東山書房．
2）文部科学省（2017）中学校学習指導要領（平成29年告示）解説保健体育編．東山
　　書房．
3）文部科学省（2018）高等学校学習指導要領（平成30年告示）解説保健体育編．東
　　山書房．
4）独立行政法人日本スポーツ振興センター（2021）学校の管理下の災害〔令和3年版〕．

体つくり運動の 安全チェックリスト

単元開始前

- ☐ 教員は，体つくり運動に関する学習目標，学習内容，教材特性を理解している
- ☐ 教員は，体つくり運動における事故の実態や傾向について理解している
- ☐ 教員は，体つくり運動に関する注意義務について理解している
- ☐ 教員は，事前に把握できる児童生徒の健康，体力，体の状態について把握している
- ☐ 教員は，体つくり運動の段階的・総合的な学習方法について理解し，学習活動を計画している
- ☐ 教員は，器具・用具・環境について安全点検を実施している
- ☐ 教員は，怪我が起こった際の応急処置の準備ができている
- ☐ 教員は，緊急時の対応について理解している

毎授業時

- ☐ 教員は，児童生徒の健康状態を確認している
- ☐ 教員は，本時の学習目標，学習内容を説明し，児童生徒は，それらを理解している
- ☐ 教員は，授業におけるルールを説明し，児童生徒は，それを遵守している
- ☐ 教員は，学習環境に関する危険を説明し，児童生徒は，それらを理解し，自ら危険を回避し，安全な環境をつくっている
- ☐ 教員は，児童生徒に，相手のことも考えながら運動することの大切さを伝えている
- ☐ 教員は，児童生徒に，自分の体力に合わせた運動を実施できるように配慮している
- ☐ 教員は，学習内容が競技・競争的になり過ぎないように，児童生徒に理解を促している
- ☐ 教員は，児童生徒全員を視界に入れ，異変に気づける状態にしている

コラム2
「災害共済給付制度」を活用する

　体育授業やスポーツ活動には不可避なリスクも存在し，注意義務を果たしていても事故が起こってしまう場合もある。そこで，教員（学校）は給付制度等を正しく理解し，万が一のときへの備えをしておく必要がある。特に，児童生徒および保護者には，「災害共済給付制度」について，その受給範囲や受給額などの内容を確認してもらうことが重要である。

1　「災害共済給付制度」とは

　「災害共済給付制度」は，独立行政法人日本スポーツ振興センターと学校の設置者との契約（災害共済給付契約）により，学校の管理下における児童生徒等の災害（負傷，疾病，障害または死亡）に対して災害共済給付（医療費，障害見舞金または死亡見舞金の支給）を行う制度である。令和2年度現在，全国の児童生徒等の約95％が加入しており，体育授業も対象である。本制度の運営に必要な経費は，国，学校の設置者および保護者の三者が負担しており，この仕組みを「互助共済制度」と呼ぶ（**図**）。

　本制度の特徴の1つが，学校種等により異なるものの，児童生徒等1人当たり270円/年（幼稚園等）から2,150円/年（高等学校等）と比較的低い共済掛金で手厚い給付が受けられることである（令和3年5月現在）。また，学校管理下における災害であれば，学校の責任の有無に関わらず給付の対象となることも押さえておきたい。

国・学校の設置者・保護者の三者による互助共済制度

2 　制度を円滑に活用するためのポイント

　万が一，児童生徒等が災害を受け，このような給付制度や各種保険を適用する際には，学校－保護者間の制度内容等に関する理解の相違からくるトラブルを避けなければならない。そのためには，入学前に受給範囲や受給額などの詳細な制度内容を事前に案内するとともに，可能であれば，入学時にも再度説明する機会を設けるなど，確実に内容を把握してもらうよう努める必要がある。また，受給者がそれ以上の補償を求める場合には，他の保険等への加入を勧めることも大切である。さらに，災害発生時には，給付制度適用の有無を含めた案内を速やかに行うことで，保護者の安心につなげたい。

3 　事故事例等のデータの活用

　日本スポーツ振興センターの「学校の管理下の災害」や「学校事故事例検索データベース」には，災害給付のあった事故事例等のデータが蓄積されており，統計的に死亡，障害の発生の傾向が示され，発生状況などについても確認することができる。教員（学校）側としては，自身が勤務する学校種や担当業務等に照らし合わせて検索することにより，自身の管理下において発生し得る事故事例を確認することができ，また，発生状況を把握することにより，事故防止対策にも役立てられる。これらのデータに加え，「学校での事故防止対策集」（日本スポーツ振興センター）なども活用し，事故発生時にスムーズに対応するための参考としてもらいたい。

（嘉戸 洋）

引用・参考文献

1 ）小笠原正・諏訪伸夫編著（2009）スポーツのリスクマネジメント．ぎょうせい．
2 ）日本スポーツ振興センター．令和 3 年度 学校安全・災害共済給付ガイド．
　　https://www.jpnsport.go.jp/anzen/kankobutu/anzen/tabid/998/Default.aspx
　　（2022年 2 月20日閲覧）

第 2 章

器械運動の
リスクマネジメント

1 器械運動におけるリスクの把握

（1）体育授業における器械運動を知る

　学校体育における器械運動は，マット運動，鉄棒運動，跳び箱運動，平均台運動からなり，器械の特性に応じ多くの「技」が存在している。技に挑戦し，その技ができる楽しさや喜びを味わうことのできる運動であるという点に教材としての器械運動の特性があり，学習対象となる運動（技）は「非日常的驚異性」と「姿勢的簡潔性」を特徴としている[1]。

　器械運動の授業において，児童生徒は，運動の習得を目指して動き方を改善することによっていつでも「できる」という状態を志向し，その実現によって達成感を得ることになる。他方で，「できない」ことを「できる」ようにしていくプロセスにおける技の実施のほとんどは失敗であるから，技の実施に失敗しても傷害につながらないようにあらかじめ備えておかなければならない[2]。

（2）器械運動におけるリスクを分析する

　体育授業における器械運動では，死亡も含む様々な事故が発生している。日本スポーツ振興センターの「学校の管理下の災害〔令和3年版〕」では，器械運動に関する負傷について，次のとおり報告されている[*1]。

　【小学校】運動種目別の負傷の合計は 71,276 件であり，そのうち器械運動に関するものは 24,425 件（約 34%）である。その内訳は，マット運動が 5,835 件，鉄棒運動が 2,938 件，跳び箱運動が 14,857 件，その他が 795 件である。また，負傷の種類でみると，捻挫（8,347 件），骨折（8,240 件），挫傷・打撲（6,325 件）の順に多い。

　【中学校】運動種目別の負傷の合計は 154,215 件であり，そのうち器械運動に関するものは 10,594 件（約 7%）である。その内訳は，マット運動が 5,245 件，鉄棒運動が 118 件，跳び箱運動が 4,716 件，その他が 515 件である。負傷の種類でみると，捻挫（3,922 件），骨折（3,294 件），挫傷・打撲（2,663 件）の順に多い。

　【高等学校等】運動種目別の負傷の合計は 141,818 件であり，そのう

ち器械運動に関するものは 2,230 件（約 2 ％）である。その内訳は，マット運動が 1,143 件，鉄棒運動が 95 件，跳び箱運動が 396 件，その他が 596 件である。負傷の種類は，捻挫（834 件），挫傷・打撲（591 件），骨折（527 件）の順に多い。

また，日本スポーツ振興センターの「学校事故事例検索データベース」によれば，体育授業における器械運動に関して，2005 年度から 2020 年度までの間に死亡事故 2 件，障害事故 124 件が発生している。死亡事故は，高校 1 年生男子が跳び箱運動で踏み切りが合わず，跳び箱に衝突，腹部を強打し，内臓損傷によって死亡した事例と，小学 1 年生女子の鉄棒運動中の中枢神経系突然死である。障害事故 124 件の内訳は，マット運動が 64 件，鉄棒運動が 14 件，跳び箱運動が 46 件である。

さらに，障害事故に関しては，以下の傾向が指摘されている[3]。すなわち，①身長・体重の増大，学習内容の高度化を要因に小学 6 年生以降に増加する，②マット運動では倒立技の実施の失敗に起因したせき柱障害が多い，③鉄棒運動では，そのほとんどが屋外での落下によって発生している，④跳び箱運動では，男子の事故が女子の事故の 2 倍以上起きていること，上肢切断・機能障害が多く，跳躍に失敗した際の着地時に手・腕をつき，事故につながっていることである。

以上がリスクの傾向であるが，負傷の件数と障害の件数は相関せず，発生件数が少ないから安全というわけではない。筆者の指導経験においても思いがけないところでヒヤッとしたことがあり，これらの傾向を踏まえつつも，眼前の児童生徒の個別状況に応じた指導が求められる。

（3）器械運動における教員の注意義務を理解する

体育授業の器械運動における事故の裁判例から教員の注意義務について例示すれば，以下のとおりである[4]。

観点❶

児童生徒等の能力に応じた適切な個別的，段階的指導をしていたか

判例1 ▷ 教員が注意義務を果たしたと認められた例

・概要

　小学6年生の男子児童が，跳び箱の台上前転で落下し，負傷した（東京地裁／判決 平成26年11月11日）。

・当時の状況

　教員は，指導計画に従い，新しい技に取り組む際に，教科書や掲示物で技の特性やポイントを伝える，技の見本を示す，当該児童に対して跳び箱の高さを下げるように個別に指導する，跳び箱の左右に補助者を置く等の対応をしていた。

判例2 ▷ 教員が注意義務を怠ったとされた例

・概要

　中学2年生の男子生徒が，跳び箱の前方倒立回転跳びに失敗し，第六頚髄を損傷した（静岡地裁富士支部／判決 平成2年3月6日）。

・当時の状況

　教員は，体操部員の生徒に見本の試技をさせたが，それ以外には具体的な指導をしなかった。また，運動能力が平均より少し劣る当該生徒の試技を，自らまたは他の生徒による補助もつけず，跳び箱から離れた位置で漫然と静観していた。

観点②

児童生徒等に対して指示や監視によって，危険な動静を看過しないように十分に務めていたか

判例3 ▷ 教員が注意義務を怠ったとされた例

・概要

高校2年生の男子生徒が側方倒立回転跳び1/4ひねり～後転跳び～後転跳びの連続技を試みたが，失敗し，頚髄損傷した（札幌地裁／判決 平成13年5月25日）。

　これらの裁判例はあくまで一部ではあるが，注意義務について適切に捉
えるための参考としてもらいたい。なお，ここでは器械・器具の管理に関
する内容は取り上げなかったが，それらを適切に点検・管理することも教
員や設置者の注意義務の範疇と言えるだろう。

2 器械運動における安全教育

（1）安全な学習環境をデザインする

　学校安全の実現のためには，児童生徒が自ら危険を予測・回避し，安全
な環境をつくっていくことが求められる。また，教員には，危険を予測し，
その危険を回避するために児童生徒の行動を把握し，適切な指示を与える
ことが求められる。

　では，器械運動の学習環境にはどのような危険が想定されるだろうか。
図1を題材に，内在する危険およびそれを回避するための対策について考

図1　器械運動の学習環境の例

えてみてほしい。

想定される危険とその対策を挙げると，以下のとおりである。

① 生徒同士が衝突する可能性

　生徒Aは，倒立技を実施しようとしているが，このまま前方に倒れると生徒Bに衝突する恐れがある。技を実施する際には，生徒同士の間隔を十分に確保する必要がある。「ある空間に○人まで」というようなルールを設定し，それを遵守させる方法もあるが，児童生徒自身が危険を予測し，適切な距離を確保できるように指導することがより大切である。

② 生徒が物に衝突する可能性

　生徒Cは，助走から技を実施しようとしているが，その前方には跳び箱が設置されているため，着地の際に勢いを制御できず前方に飛び出すと跳び箱に衝突する可能性がある。技の実施に失敗した場合についても想定し，開始位置を変える，跳び箱を移動させるなど周囲の環境を整えておく必要がある。なんらかの事情で障害物を移動させられない場合は，衝撃緩衝材をつけるなどの工夫も必要だろう。

③ 技の実施に失敗した際に生徒がマットの外に飛び出す可能性

　生徒Dは，マットの端部でマットに対して横向きに技を実施しており，技の実施に失敗した際にマットの外に倒れ込む可能性がある。技の実施に失敗した場合に備え，基本的にはマットの中央部を縦向きで使用することが望ましい。必要に応じてマットを2，3枚接合し，全方位に対して安全を確保するのもよいだろう。

④ 生徒が助走の際にマットの隙間に足をとられ，転倒する可能性

　マットとマットのつなぎ目に隙間があるため，生徒Cが助走の際に足をとられ，転倒する恐れがある。授業中にマットが動いてしまうことも多々あるので，その都度，生徒自身が修正するように促したい。あるいは，連結しているマットの把手同士を柔道帯等で結び，隙間が開きにくいようにするという工夫もあるだろう。

　この他にも，児童生徒が技を実施する際に視野の妨げになるような強い光が入っていないか等，状況に応じて注意すべき点は多々ある。教員には，

安全管理としてこれらの危険を排除することが求められるが，児童生徒自身がこれらの危険を予測・回避し，安全な環境をつくることができるように指導することも重要である。技の習得だけでなく，器械・器具の適切な使用，学習環境の適切な整備等も学習の目標として挙げられる。

（2）安全な学習過程をデザインする

　器械運動における技の学習過程に関して，習熟度に応じた段階的な学習や帯助を利用した学習を実施することはよく知られている。しかし，学習過程における技の実施のほとんどは失敗であるから，段階的な学習や帯助の利用は，技の習得を促すだけでなく，技の実施の失敗が傷害につながらないようにするという意味でも重要である。教員が段階的な学習や帯助の方法について適切に理解しておく必要があることは言うまでもないが，教員1人で児童生徒一人ひとりに対し帯助をすることは現実的でないため，児童生徒が自らの課題を発見・解決したり，児童生徒同士で教え合ったりできるよう，児童生徒に指導することも求められるだろう。

　ここでは，マット運動における倒立技を例に，段階的な学習や適切な帯助の方法について実施上の留意点を中心に具体的に説明したい。

　倒立の学習過程においては，段階的な学習方法として「手押し車」「カエルの足打ち」「壁倒立」「補助倒立」などが挙げられることが多い。ここでは，「壁倒立」および「補助倒立」について例示するが，それらを実施する前提として，児童生徒が両腕で自身の身体を支えることができるのかを「手押し車」や「カエルの足打ち」などで確認しておく必要がある。

　「壁倒立」に関しては，2種類の方法が例示できる。1つ目は，壁を登るようにして壁倒立をする「壁登り倒立」（図2），2つ目は，足を振り上げて壁倒立をする「振り上げ壁倒立」（図3）である。さて，初学者にとっては，どちらの壁倒立が適切であろうか。

　もちろん児童生徒の能力によるが，筆者は「壁登り倒立」から始めることを勧めたい。なぜならば「振り上げ壁倒立」では，足が十分に振り上がらなかった際に頭部から落下する可能性があるからである（図4）。その理由として，初学者の場合，逆位（頭が下で足が上）という状態になじみ

図2 壁登り倒立

図3 振り上げ壁倒立

図4 振り上げ壁倒立の失敗例

がないため，逆位になった際に混乱し，咄嗟に腕を曲げてしまう可能性が挙げられる。「振り上げ壁倒立」は一気に逆位の状態になるため，段階的に逆位の状態に近づく「壁登り倒立」に比べて混乱が生じやすいと考えられる。また，「壁登り倒立」は常に壁に足をつけた状態で実施できるが，「振

り上げ壁倒立」では，振り上げ不足で足が壁に到達しなかった場合，両腕のみで身体を支えなければならず，支えきれない可能性がある。これらのことを考えれば，「壁登り倒立」から始めるのが妥当であろう。その後，逆位の状態に慣れ，倒立位において両腕で身体を支えることができるようになり，学習課題が振り上げ局面に移ってきた際に「振り上げ壁倒立」を実施するのが適切だと考えられる。この他に，側方から振り上げて壁倒立になる方法などもあるが，肝心なことは，壁倒立の仕方について固定的に考えず，児童生徒の習熟度や学習課題に合わせ選択することである。

　続いて，「補助倒立」についても２種類の方法を例示する。１つ目は実施者の前方に立ち幇助をする方法（**図5**），２つ目は実施者の側方に立ち幇助をする方法（**図6**）である。これもどちらが適切か考えてほしい。

　筆者としては，実施者の側方に立つことを勧めたい。その理由として，１つには，前方に立つと，実施者の振り上げが不足した場合に幇助できな

図5　補助倒立（前方からの幇助）

図6　補助倒立（側方からの幇助）

いことが挙げられる。もし側方に立っていれば，実施者の振り上げが不足しても手を差し出し，幇助することができる。もう1つには，前方に立った場合，実施者の振り上げた足が幇助者の顔面に衝突する可能性がある。特に，眼部等に当たれば，重篤な事故につながりかねない。もちろん側方に立つ場合でも，実施者が足を横方向に振り上げてしまえば衝突の可能性はあるが，前方に位置した場合のそれに比べると可能性は低い。

このように，「壁倒立」や「補助倒立」だけでも様々な危険が想定され，留意事項も多岐にわたる。したがって，これらの留意点を含め，段階的な学習や幇助の方法について適切に理解・指導する必要がある。

3 器械運動における安全管理

（1）器械・器具をマネジメントする

序章に既述のとおり，安全点検には，教員による点検と専門家による点検がある。ここでは，各器械・器具に関する教員の日常的な点検事項について示す[5]。

①マット

表面，内部構造，把手に破損・汚れがないか等を目視・触診で確認する。また，普段は湿気の少ない場所に保管し，定期的に天日乾燥させる。

②跳び箱

1段目の帆布や内部構造に破損・汚れがないか，各段箱に破損やささくれ等がないか，積み重ねた際に不安定さはないか，金具に緩みがないか，滑り止め具に破損がないか等を目視・触診で確認する。跳躍板についても表面に破損・汚れがないか，滑り止め具に破損がないか，スプリングが摩耗していないか，弾力性があるか等を目視・触診で確認する。

③鉄棒

バーや支柱に錆や変形がないか，締め具に緩みがないか，全体として不安定さがないか等を目視・触診で確認する。

④平均台

ビームに破損やささくれ等がないか，支柱に錆や変形がないか，締め

具に緩みがないか，滑り止め具に破損がないか，全体として不安定さがないか等を目視・触診で確認する。

なお，教員の日常的な点検によって金属疲労等を発見することは困難なため，専門家による点検を計画的に実施する必要がある。また，器械・器具によって点検箇所，点検内容，点検時期，標準耐用年数等は異なるので，取扱説明書も確認する必要がある。さらに，器械・器具を適切に点検・利用することは大前提となるが，その上で児童生徒の状態に合わせて使用方法を工夫することも大切である。ここでは，鉄棒運動を事例に使用方法の工夫について説明したい。

前述のとおり，鉄棒における事故の多くは，落下に起因している。学校現場では，鉄棒が外に設置され，足元が地面という場合が一般的である。そのような環境で落下の衝撃を緩和するには，足元にマットを設置することが1つの対策となる。ただし，学校にマットが少なく，屋内で使用しているものを屋外で使用することが難しい場合には，マットカバーを使用すれば新たにマットを購入せず対応することができる。また，鉄棒では，腹部や膝裏が棒に接した状態で回転することで痛みを感じる児童生徒もいるので，鉄棒にパッドをつけることも有効である。児童生徒が「怖そう」「痛そう」と感じてしまえば，学習意欲も低下してしまうので，これらの対応は安全に配慮するというだけでなく，安心感を与え，学習活動へ誘うという意味でも重要だと言える。

（２）学習活動をマネジメントする

器械運動においては，児童生徒の健康・体力の状態，技の習熟度の把握，ルールの遵守，器械・器具の適切な使用等の基本的な事項に加えて，段階的な学習活動を計画することが求められる。ここでは，段階的な学習計画の具体例として，跳び箱運動における技の学習の順番を取り上げる。

跳び箱運動には，開脚跳びやかかえ込み跳び等の「切り返し系」と台上前転や首はね跳び等の「回転系」の技が存在するが，1回の授業でこれら両方を実施する場合は，「切り返し系」の技を先に実施するようにしたい。

なぜならば，「回転系」を先に実施した場合，「切り返し系」の運動をする際に回転する運動感覚が残ってしまい，切り返しが十分にできず，上半身から前方に落下する可能性があるからである。特に，学習初期の段階で「切り返し系」と「回転系」の運動感覚を十分に切り分けて考えることができない場合に，このような混同による失敗が発生しやすい。

　前述のとおり，跳び箱運動においては跳躍に失敗した際の着地時に手や腕をつくことで事故につながっている事例が多いが，運動感覚の混同に起因した技の実施の失敗も事故発生の1つの要因となると推察される。このように，運動感覚という視点からも学習活動の計画的な立案が必要となる。

（平塚 卓也）

注

* ＊1　ここでの「器械運動に関する負傷」は，同資料において運動種目別「器械体操・新体操」として分類されたものを指している。なお，運動部活動における負傷は，別に集計されているので，ここには含まれていない。また，学校種や学年によって，鉄棒運動，跳び箱運動，マット運動を実施する時間数が均一ではないことは，数字を見る前提として留意する必要がある。
* ＊2　これは，正課授業における教員の安全配慮義務が，生徒の自主的活動とされる課外活動のそれに比べて，より広範なものと解されることにもよる。なお，学習指導要領に例示のない後転跳びを授業内容として扱うこと自体については不適当とはされていない。

引用・参考文献

1）三木四郎・加藤澤男・本村清人編（2006）中・高校器械運動の授業づくり．大修館書店．
2）金谷麻理子・諏訪伸夫（2006）器械運動．小笠原正・諏訪伸夫編．体育・部活のリスクマネジメント．信山社．
3）平塚卓也（2020）学校体育授業における器械運動系種目の障害事故－日本スポーツ振興センター「学校事故事例検索データベース」の分析から－．環太平洋大学研究紀要17号．
4）山口裕貴編著（2020）学校体育事故への備え－裁判所は何をどう見るのか－．共同文化社．
5）公益財団法人日本体育施設協会施設用器具部会編（2013）事故防止のためのスポーツ器具の正しい使い方と安全点検の手引き〔改訂第3版（増補第2刷）〕．体育施設出版．

器械運動の 安全チェックリスト

単元開始前

- ☐ 教員は，器械運動に関する学習目標，学習内容，教材特性を理解している
- ☐ 教員は，器械運動における事故の実態や傾向について理解している
- ☐ 教員は，器械運動の指導に関する注意義務について理解している
- ☐ 教員は，事前に把握できる児童生徒の健康，体力，技能の状態について把握している
- ☐ 教員は，技の系統性や段階的な学習方法について理解し，学習活動を計画している
- ☐ 教員は，器械・器具について安全点検を実施している
- ☐ 教員は，緊急時の対応について理解している

毎授業時

- ☐ 教員は，児童生徒の健康状態を確認している
- ☐ 教員は，本時の学習目標，学習内容を説明し，児童生徒は，それらを理解している
- ☐ 教員は，授業におけるルールを説明し，児童生徒は，それを遵守している
- ☐ 教員は，器械・器具の配置等，学習環境に関する危険を説明し，児童生徒は，それらを理解し，自ら危険を予測・回避し，安全な環境をつくっている
- ☐ 教員は，器械・器具の適切な使用方法について説明し，児童生徒は，それらを適切に使用している
- ☐ 教員は，技の系統性や段階的な学習方法について説明し，児童生徒は，それらを理解し，自身の習熟度に応じた技を実施している
- ☐ 教員は，帮助の方法について説明し，児童生徒は，それらを理解し，適切に実施している
- ☐ 教員は，児童生徒全員を視界に入れ，異変に気づける状態になっている

コラム3
「熱中症」に対処する

1　「熱中症」の基礎知識

　平常時には，体温が上昇すると皮膚血管の拡張や発汗により身体に溜まった熱が体表面から放散され，体温調節が行われる。しかし，暑熱環境下での激しい運動時には，この体温調節のバランスが破綻し，熱を上手く放散できなくなる。熱中症は，このような状態で高体温が続くことにより引き起こされる様々な障害の総称である。

2　「熱中症」を予防するために

　熱中症は，正しい予防方法を知り，実践することで防ぐことができる。以下の2点や「スポーツ活動中の熱中症予防5ヶ条」（日本スポーツ協会）も参考とし，授業での実践に活かしてもらいたい。

（1）「実施するか，しないか」の判断

　高温多湿環境では熱中症のリスクが高まるとされ，実際，梅雨明けの7月に熱中症の救急搬送が急増している[1]。そのため，熱中症を予防し安全に体育授業を実施するには，環境条件の把握が重要である。具体的には，「湿球黒球温度（WBGT：Wet-Bulb Globe Temperature）」を測定し，運動実施の可否を判断することが求められる。日本スポーツ協会の「熱中症予防運動指針」では，WBGTが31℃以上の環境では「運動は原則中止」としている。一方，夏季にはWBGTが28〜31℃の「厳重警戒」という条件で運動を実施することも多い。このような厳しい暑さの中で運動する際は，開始時間の調整や運動時間の短縮，運動強度の軽減，こまめな休憩・水分補給，休憩場所を日陰や冷房のある涼しい室内にするなどの対応が必要である。

（2）水分補給の工夫

　運動中の多量の発汗による脱水も熱中症のリスクを高めるため，発汗量に見合った水分を補う必要がある。また，水分補給は「喉が

渇く前に」意識的に行うことが大切である。そのため，こまめに水分補給できる時間を確保するなど，授業中でも適切な水分補給をすることができる環境を整えることが求められる。

　電解質の補給と速やかな水分の吸収のためには，0.1〜0.2％程度の塩分と4〜8％程度の糖質を含んだ飲料が効果的であり，スポーツドリンクを飲むことが推奨される。その他，十分に冷やした水に加えて，塩飴や塩分補給タブレットを摂ることも有効である。

3　「熱中症」が起きてしまったら

　熱中症は，重症度の低い順に，熱失神，熱けいれん，熱疲労，熱射病に分類される。軽症であれば，多くの場合は運動の中止や水分補給で症状が回復するが，重症になると後遺症が残る危険性や死に至る可能性もあるため，医療機関の受診と適切な治療が必要となる。

　実際の体育授業で熱中症を疑う症状の児童生徒が出た場合，該当の児童生徒に対しては声かけを行って意識障害の有無を確認し，意識がない場合やしっかりとした返事ができない場合は速やかに救急車を要請する必要がある。意識がある場合は，日陰や冷房のある室内に移動させ，濡れたタオルや氷を頸部や脇の下，足の付根に当て身体を冷却すること，水分補給させることが求められる。その際，自分でペットボトルを持って水分補給ができるか，水分補給・十分な安静の後に症状が改善しているかを注視し，自力での水分補給ができない場合や症状が改善しない場合はすぐに医療機関を受診させる。詳細な応急処置のフローチャートや対策については，「熱中症環境保健マニュアル」（環境省）や「スポーツ活動中の熱中症予防ガイドブック」（日本スポーツ協会）も参考にするとよいだろう。

（保科 圭汰）

引用・参考文献

1）総務省消防庁．熱中症情報．
　 https://www.fdma.go.jp/disaster/heatstroke/post3.html（2022年2月3日閲覧）

第 **3** 章

陸上競技の
リスクマネジメント

1 陸上競技におけるリスクの把握

（1）体育授業における陸上競技を知る

　陸上競技は，走る「距離」，跳ぶ「方向」，投げる「物」が様々あり，東京 2020 オリンピックでは計 48 種目が実施された。種目ごとに異なる技術的・体力的要素が求められるため，種目ごとのリスクも様々である。

　陸上競技の走種目のうち短距離走は 100m，200m，400m を指すが，体育授業では新体力テストとの兼ね合いから 50m 走を実施することが多い。同様に，長距離走（持久走）は 1500m もしくは 1000m の実施となるだろう。ハードル走はハードルの高さやハードル間の距離が性別や対象学生により異なるが，体育授業では 50mH を実施することが多い。また，運動会や体育祭との兼ね合いから，リレー種目の実施も多いだろう。

　跳躍種目は走り幅跳び，三段跳び，走り高跳び，棒高跳びを指すが，体育授業で実施されるのは走り幅跳び，走り高跳びが一般的である。走り幅跳びは助走から片脚で踏み切り，どれだけ遠くに跳んだかを競う種目である。走り高跳びは跳び越えるバーの高さを競う競技であり，一般的に「挟み跳び」「背面跳び」「ベリーロール」の 3 種類の跳び方があるが，「背面跳び」は首からマットに落ちるため高い技術が必要であり，怪我のリスクを踏まえると体育授業においては「挟み跳び」を実施するのが賢明である。

　投てき種目は砲丸投げ，円盤投げ，ハンマー投げ，やり投げ（ジャベリックスロー）の 4 種目を指すが，体育授業で実施されるのは砲丸投げ，ジャベリックスロー，また新体力テストとの兼ね合いからソフトボール投げが一般的である。砲丸投げは砲丸と呼ばれる鉄球を飛ばした距離を競う競技で，投げ方には「グライド投法」と「回転投法」の 2 種類があるが，「回転投法」は技術性が非常に高いことから，授業では「グライド投法」で投げるのが一般的である。ジャベリックスローは「ターボジャブ」と呼ばれる長さ 70cm，重さ 300g のプラスチック製の投てき物を投げる種目である。

（2）陸上競技におけるリスクを分析する

　ここでは「走る・跳ぶ・投げる」それぞれの種目におけるリスクについ

て解説し，関連する事例を紹介していく。

①短距離走

　短距離走で多い事故は転倒による捻挫や骨折，歯牙障害である。セパレートレーン（決められたレーン）を走る種目の場合は，グラウンドが十分に整地されておらず，凹凸した地面に脚を取られて転倒する場合が多く，オープンレーンの場合には他者との接触により転倒する事例が多い。また，体育館など屋内で実施される場合には，ゴールで止まり切れずにその先にある壁や障害物に衝突する事故も起きている。

> **事例1** ▷
> 　体育の授業中，体育館でかけっこ（短距離走）を行っていた。その際，止まり切れずに玄関のガラスドアまで走り込み，右手のひらでガラスを突き破った。（小学2年生，男子）
>
> **事例2** ▷
> 　リレー練習中，バトンを渡した後に横へ逸れようとした際，他の生徒の足につまずき転倒し，口を地面にぶつけ，前歯が3本折れた。（中学2年生，女子）

②長距離走（持久走）

　長距離走では心臓系突然死が多い。陸上競技の死亡事故の中で最も多く，特に長距離走での割合は7割を占め，平成17年度から令和2年度の間に23件の死亡事故が起きている。走っている最中の事故が最も多いが，走り終わった後に起こる場合もあるため注意が必要である。また，意識が朦朧とした中で転倒し，傷害を負う事故も報告されている。

> **事例3** ▷
> 　体育授業でウォーミングアップとして500mを走った後，持久走を開始した。スタートから300mほど走ったところで，突然ふらつき，崩れるように転倒し，その後に死亡した。（中学3年生，女子）

> **事例4** ▷
>
> 　持久走中，ゴール付近で突然意識がなくなり，倒れ込み，無呼吸状態になった。すぐに AED を使用し，心肺蘇生を行った。その後，救急車で病院へ搬送され，治療を受け，一命を取り留めた。（高校３年生，男子）

③ハードル走

　ハードル走では，ハードルに接触し転倒することで起こる事故がほとんどであり，骨折や打撲，前十字靱帯損傷などが発生している。

> **事例5** ▷
>
> 　体育の授業中，運動場で障害走の練習をしていたところ，ハードルが足に引っ掛かって転倒し，頭を地面にぶつけ，眼鏡で鼻部を負傷した。鼻部に線状痕が残った。（小学６年生，男子）

④跳躍種目

　走り幅跳びでは着地時の怪我や砂場付近の障害物に衝突する事故が，走り高跳びではマット外への転落による事故や，失敗跳躍により倒れたバーや支柱が補助者に激突する事故が起きている。

> **事例6** ▷
>
> 　体育の走り幅跳びの授業において，着地した際に勢いがついた状態で前のめりになってよろめき転倒。転倒した場所に低鉄棒があり，鉄棒の足の部分に左顎下を強打し，その衝撃で深く切った。（小学４年生，女子）
>
> **事例7** ▷
>
> 　体育の走り高跳びの授業中，跳躍に失敗した生徒が走り高跳びの支柱にぶつかり，その時に倒れた支柱が近くに立っていた生徒の顔面を直撃し，前歯が折れた。（中学３年生，男子）

⑤投てき種目

投てき種目で多い事故は，生徒が投げた投てき物が直撃する事故である。大怪我や死亡事故に直結する場合が多いため，注意が必要である。

事例8▷

体育授業中の砲丸投げの測定において，練習していた他の生徒が投げた砲丸が周囲にいた生徒の左額（目の上部）に当たった。（中学2年生，男子）

（3）陸上競技における教員の注意義務を理解する

判例1▷ **教員が注意義務を果たしたと認められた例**

・概要

中学2年生の女子生徒がハードル走の最終評価試験の際に転倒し，頭部を強打して死亡した（東京高裁／判決 昭和53年9月18日）。

・当時の状況

教員は指導計画に従い，ハードルの高さおよび設置間隔は適切であり，かつ最終試験の前に8～9回の練習をさせていた。また，最終試験実施前にもハードルの設置位置を確かめ，安全性を確認した上で実施していた。十分に安全を確保して練習を行っており，ハードル走で転倒し，頭部を強打することの予測は困難であった。

判例2▷ **教員が注意義務を怠ったとされた例**

・概要

部活動中，高校3年生の女子生徒が，待機場所に誤って飛んできたハンマーに当たり左脛骨遠位部開放性骨挫傷，はく離骨折等の傷害を負った（名古屋地裁／判決 平成31年4月18日）[*1]。

・当時の状況

教員は，待機場所として指示した場所に生徒を配置していたが，

本来は仮にハンマーが飛んできても安全性が確保される場所を待
機場所として選定する必要があった。そのため，指示をした待機
場所は適切ではなく，安全な場所での待機を指示する義務に違反
があったとされた。

2 陸上競技における安全教育

（1）安全な学習環境をデザインする

①短距離走

　直線種目では，自分のレーンを走ること，他人の進路に入らないこと
を徹底する必要がある。また，走り終わった後にスタート地点へ戻る場
合は，あらかじめ戻る方向を決め（例：ゴールに対し左側から戻る），走っ
てくる児童生徒を妨害しないよう注意する必要がある。レーンを横切る
行為は特に危険であり，競技会では衝突による死亡事故も発生している
ため，絶対に行わないよう徹底する。また，スピードの出る短距離走に
おいては十分な整地がされていないと転倒の危険性が高まるため，走路
（グラウンド）に凹凸がないか，小石や木の根といった障害物がないか等，
児童生徒自身が走る箇所をあらかじめ確認する必要がある。また，ゴー
ル後にスピードを緩めて止まることのできる距離（特に室内で行う場合
には壁やドアからの距離）が十分に確保されているか確認する。

②長距離走

　長距離走は熱中症の危険性が高い種目であるが，当日の体調や食事状
況（欠食の有無），睡眠状況等，身体的コンディションに大きく左右さ
れることから，体調を整えて授業に臨むことが極めて重要である。

　また，長距離走に多い心臓系突然死には，いつ起こるかわからないと
いう特徴があるが，心肺停止後，AED を使用した救命処置を行うこと
で一命を取り留めた事例も多く報告されていることから，教員は AED
が設置されている位置や使用方法を把握し，心臓マッサージや人工呼吸
といった心肺蘇生の方法を理解しておく必要があるとともに，児童生徒
にも AED の設置場所を把握させておく必要がある。

③ハードル走

ハードルは倒れる向きが決まっているため，逆側からは跳ばないように徹底する必要がある。逆側から跳び脚を引っかけると，ハードルが倒れず人が転倒する危険性が高くなる。また，ハードル走はハードル間の距離が決まっているため，ハードルの位置がずれると上手く走ったとしても跳び越えることは困難となる。脚を引っかけるリスクを抑えるためにも，ハードルの位置がずれた際には元に戻す必要がある。

④跳躍種目〈走り幅跳び〉

砂場が硬いと着地の際に身体を痛める危険性があるため，砂場をしっかりと掘り起こし着地地点を柔らかくしておく。一方で，足を捻る危険性があるため，こまめに砂場を整地する必要もある（**図1**）。また，全力に近いスピードでの助走後に跳躍するため，着地する砂場の先に衝突の危険のある障害物や人の有無を確認する必要がある。さらに，跳躍者は着地後速やかに砂場から出るようにし，次の跳躍者は前の跳躍者が砂場から出たことを確認してから助走を開始する。

⑤跳躍種目〈走り高跳び〉

走り高跳びに多い跳躍後のマット外への着地（転落）や，踏み切り後にバーを支える支柱への衝突，またその影響で倒れた支柱が周りの児童生徒に激突するなどの事故はすべて，跳躍者の踏み切り位置をコントロールすれば防ぐことができる。跳躍を行う児童生徒から見て，マットの中心より手前で踏み切ることを徹底させるとともに，サポートを行う児童生徒にも支柱から離れて立つことを約束事とすることが重要である（**図2**）。また，マットの設置位置が正しくない場合，跳躍後にマット外に着地してしまう危険があるため，どちらの脚で踏み切りを行うのかを考慮した上でマットの設置位置をコントロールする必要がある。

⑥投てき種目

投てき種目で多い事故は投げた投てき物に当たることであり，部活動においては毎年のように死亡事故が報告されている。そのため，児童生徒は投げる前に必ず「いきます」と大きな声で合図を出し，周りもその合図をきっかけに投げる児童生徒を注視し「はい」と返答をすることが

必要である。また，投げる順番を待つ際には，投てき者より前ではなく，後方で待つ必要がある。特に砲丸投げにおいては，前方へまっすぐに投てきすることは技術的にも難しく，横方向へと逸れることが多いことから，特に注意が必要である。教員は，誤って投てき物が飛んできた場合に備え，安全性が確保される場所を待機場所として選定する必要がある。

図1 走り幅跳びの留意点
①走路の延長線上にある障害物には特に注意をする。
②足跡で凹凸があるため，こまめに整地を行う必要がある。

図2 走り高跳びの留意点
①マットの中心より手前で踏み切ることを心がける（その際，目印となるマーカーで誘導路を設定するとよい）。
②補助者は支柱から離れた位置に立つ。

（2）安全な学習過程をデザインする

　陸上競技の種目においてハードル走と跳躍種目は特に技術性が高く，これらの技術を習得すること自体が児童生徒の安全を確保することにつながるので，以下ではそれらの学習過程を解説する。両種目の共通点として，まずは児童生徒自身にどちらの脚で踏み切るかを決定させることが挙げられる。苦手な側の脚で踏み切ると上手くいかずに怪我や事故のリスクが高くなるため，必ず踏み切り脚を決定してから練習を実施させる必要がある。

①ハードル走

　ハードル走は短距離走において最も転倒の可能性が高い種目である。ハードルに脚を引っかけて転倒する事例が多いため，まずは適切にハードルを跳ぶことができるよう指導していく必要がある。

a．スタートから1台目までの歩数を決定する

　ハードル走ではハードル間の距離が決まっているため，1台目をスムーズに跳ぶための歩数を決定する。競技者では8歩が一般的だが，未経験者や未熟者においては身長や走力によって前後する可能性があるため，8歩を基本としつつ7〜10歩を目安に踏み切りやすい歩数を児童生徒に決定させるとよい。8歩や10歩のような偶数歩の場合には，左脚踏み切りの児童生徒は左脚前で，右脚踏み切りの児童生徒は右脚前でスタート姿勢をとらせ，7歩や9歩のような奇数歩の場合には，踏み切り脚とは逆の脚を前にしてスタート姿勢をとらせる。

b．ハードルの高さを調整する

　まずは低い高さのハードルで慣れさせる必要がある。低い高さで怖がらずに跳ぶことができるようになってから，徐々に高さを上げていくことが望ましい（**図3**）。そのためには決められた歩数（スタート〜1台目は7〜10歩，2台目以降は3歩）でスムーズにハードルを跳ぶことも重要である。さらに最近では，ハードルの間が分かれる「フレキシブルハードル」や材質の柔らかい「ソフトハードル」などもあるため，そのような道具を利用することも考えていく必要がある。

②跳躍種目

　跳躍種目は「助走・踏み切り準備・踏み切り・空中動作・着地」の局

面に分けられ，その中でも特に助走が重要な局面である。助走が上手く
いかなければ正しい踏み切りを行うことができないため，まずは安定し
た助走を行うよう段階的に指導していく必要がある。助走をつくるため
には，授業内では歩数を固定し実施するとよい（例：走り幅跳び…14
歩，走り高跳び…9歩）。安定した助走ができた上で，踏み切り練習
を行うことが望ましい。

【走り幅跳び】 奥行20cmの踏み切り板に脚を合わせる技術が求められ
るが，上手く合わないとよい踏み切りができず，上手く着地ができず
に怪我をするリスクがある。そのため，まずは踏み切り板に脚を上手
く合わせられるよう歩数を固定させ，その歩数のおおよその距離を把
握する必要がある。距離が定まれば，実際にピット（砂場）での助走
練習を行い，脚が踏み切り板に合うかを確認する。教員が位置を確認
し，適時「○○cm前」と指示をするのが望ましい。その際，走り抜
けるのみで踏み切り動作を行う必要はない。おおよそ脚が合ってくれ
ば，助走〜踏み切り動作，助走〜踏み切り動作〜着地動作というよう
に，段階的に局面を増やしていく積み上げ指導を行うことが望ましい。

【走り高跳び】 助走で直線から曲線を走るという特徴がある。曲線を走
る際，身体を内側に傾けることで遠心力が働き，「起こし回転」が引

図3 ハードルへの慣れ
倒れやすいミニハードルや高さを低くしたハードルを用いて，ハードルを恐怖心なく
跳び越えることに慣れさせる必要がある。

き起こされることで，高さのある跳躍を行うことが可能となる。その
ため，あらかじめ直線4歩，曲線5歩などと歩数を固定して練習させ
る必要がある。曲線を直線的に走ると勢いがつきすぎて適切な内傾姿
勢を取ることができず，踏み切った際に水平方向へと飛び出し，マッ
トの外に転落する危険性が高まる。適切な内傾姿勢を引き出すために，
まずはカラーマーク等で曲線に誘導路を作成し，それに沿って走らせ
ることが望ましい。踏み切りの際にはバーに対して平行な姿勢を取る
ことを心がけさせるとともに，踏み切り位置が助走位置から見てマッ
トの中心よりも奥側にならないよう注意をする。助走を練習させ安定
させた後，バーをかけた跳躍練習を行うことが望ましい。

3 陸上競技における安全管理

（1）施設・用具をマネジメントする

　学習指導要領に定められた陸上競技の種目を安全に行うためには，施設
や用具のマネジメントが欠かせない。

　まず，陸上競技場やグラウンドなど実施する施設のサーフェス（表面）
を確認しておく必要がある。陸上競技場のトラックについては，経年的な
劣化等で表面が剝がれていることがあるため，その程度に応じて利用する
部分を選ぶ必要がある。グラウンドの場合は，体育授業や部活動において
様々なスポーツ種目が実施されるため凹みなどもできやすいことが予想さ
れる。凹み以外にも，活動の支障となる物（石，ボールなど）がグラウン
ドにないかを確認することも必要となる。凹みや障害物があると，たとえ
ばハードル走の着地で，捻挫あるいは転倒の危険が大きくなる。また，走
り幅跳びや三段跳びのように砂場を利用する種目においては，砂場に障害
物がないことを確認することはもちろん，不整地となっていないかを常に
確認しながら実施することで，着地時の捻挫などを防ぐことにつながる。
また，砂場が硬すぎる場合にも注意が必要であり，水を撒いたり，スコッ
プでよく掘り起こしておくことで，着地時の事故を防ぐことができる。

　陸上競技の用具には，先述した種目を実施する上で必要なものと，それ

らの種目の技術的・体力的トレーニングを目的として利用するものとがある。用具が破損していないかどうかは日常的に点検しておく必要があり，特に注意が必要なのがハードル系の用具である。これらは利用頻度が高ければ高いほど破損しやすく，特に，割れたり欠けたりしている箇所があれば，重大な事故につながる恐れもあるため，交換したり利用を控えたりすることを検討する必要がある。また，走り高跳びのマットについては，マット自体が劣化していないかという視点も安全管理の上では重要である。

（2）学習活動をマネジメントする

　安全な授業運営を行うためには，授業当日の気温や湿度，落雷の危険性等，自然環境に配慮して行う必要がある。夏場は熱中症の危険性が非常に高くなることから，特に注意したい。また，児童生徒の体調や食事状況（欠食の有無），睡眠状況の確認も重要である。特に長距離走では，環境面および児童生徒自身のコンディション次第で想定されるリスクが大きく変わるため，これらの観点について教員がしっかり把握することも必要である。
　その他，押さえておきたい観点について，下記に詳しく述べる。

① 熱中症対策
　　コラム3を参照されたい。

②体調管理
　　体調は，授業開始時に必ず確認しておかなければならないことである。基本的に屋外で行われる競技であることから，体調不良の状態で実施すると，熱中症を引き起こす原因にもなり得る。体調管理は陸上競技に限らず重要であるだけに，必ず押さえておきたいポイントである。

③児童生徒の能力
　　陸上競技は体力がパフォーマンスに大きく反映されるため，体育授業においては，児童生徒の個々の体力も考慮しなければならない。たとえば，ハードル走は競技のルール上，ハードルの高さやハードル間の距離が年代や性別によって異なるが，体育授業ではさらに細分化して個人の能力などにより決定する必要がある。これらの点を考慮しなければ，体力レベルに合わない条件で実践することになり，転倒や怪我のリスクは

もちろん，恐怖心などを抱く原因となることも考えられる。

④天候

　落雷，強風，雨などに注意する必要がある。あらかじめ天気予報を確認しておくことで，ある程度の対策を講じることができる。

⑤ルールの遵守

　陸上競技のルールはここでは割愛し，陸上競技の実践現場において事故防止の観点から徹底されている慣習を紹介する。基本的にどの種目にも共通することとして，レーンを走るとき，跳躍を行うとき，投てき物を投げるときには必ず「いきます」と声を出す。このとき，周りの選手達は必ずその方向を向いて安全を確認することが求められる（特に投てき種目）。この慣習は，体育授業においても教員が児童生徒に最初に伝えるべき内容の１つである。また，投てき種目においては，試技を行う人とそうでない人の立ち位置についてコーンなどを用いて線引きしておくことも，事故を防ぐための工夫として見習うべきである。

⑥用具の管理

　本章の３（１）を参照されたい。

（品田 直宏・梶谷 亮輔）

注

＊１　部活中の事例であり，ハンマー投げを授業で実施することはほとんどないと思われるが，砲丸投げややり投げにおいても同様の事故の危険性が高いことから，授業においても十分に注意をすることが求められる。

引用・参考文献

１）眞鍋芳明（2020）第３節 学校体育における陸上競技．陸上競技のコーチング学．p.186.
２）日本陸上競技連盟（2021）陸上競技ルールブック2021年度版.
３）日本陸上競技連盟．中学校部活動における陸上競技指導の手引き．https://www.jaaf.or.jp/development/jhs/（2022年2月27日閲覧）
４）独立行政法人日本スポーツ振興センター．学校事故事例検索データベース．https://www.jpnsport.go.jp/anzen/anzen_school/tabid/822/Default.aspx（2022年2月27日閲覧）

陸上競技の 安全チェックリスト

単元開始前

- ☐ 児童生徒の体調，怪我の有無等は，運動を実施するにあたり問題ないか
- ☐ 天候，気温，湿度等の気象条件は，運動をするにあたり適切であるか
- ☐ AED の設置場所は把握できているか
- ☐ グラウンドに障害物や凹凸はないか，衝突の危険のあるものが近くにないか

毎授業時

- ☐ 児童生徒が走った後の動き方（戻り方等）を決めているか
- ☐ 使用する道具に破損箇所はないか
- ☐ ハードル走において，適切な高さ・位置にハードルが設置できているか
- ☐ 走り幅跳びにおいて，砂場は整地されているか，砂場の先に衝突の危険のある障害物はないか
- ☐ 走り高跳びにおいて，支柱の近くに人が立っていないか，適切な踏み切り位置を指示できているか
- ☐ 投てき種目において，投てき物が落下する可能性のある位置に人が待機していないか

体育授業やスポーツ活動における傷害（外傷・障害）や命に関わるような事故の発生要因の1つとして，個人の身体構造・機能などの「個体要因」がある。競技スポーツの現場では，個人の状態を把握し傷害や事故を予防するために「メディカルチェック」が用いられることが多いが，その考え方は体育授業にも有効である。本コラムでは，その考え方とそれらを活かす実践方法について紹介する。

1　健康診断の結果を活用する

　児童生徒に対する健康診断は毎年義務づけられており，中でも心臓検診は，心臓由来の突然死など重篤な事故を未然に防ぐ材料となる。実際，体育授業中の突然死の20％以上は，心臓疾患などの既往が認められた例であり，健康診断で既往歴を把握しておくことは有効だと考えられる。また，体育授業は暦年齢の区分で授業内容や強度を一定にすることが一般的であるが，いわゆる「晩熟型」の生徒は同一運動負荷において下肢障害リスクが高いと報告されていることから，個々の身長や身長成長速度にも注目しておくとよい。

2　発育や性差を考慮する

　傷害や事故の予防のために体育授業で考慮すべき点は，対象となる世代・性別によっても異なる。たとえば，骨（骨端部）が脆弱な成長期においては，筋の柔軟性低下も加わることで，オスグッド病などの骨端障害が発生しやすい。したがって，柔軟性のチェックとその改善が有効となる。オスグッド病の危険因子となる大腿四頭筋の柔軟性低下については，うつ伏せで片膝を曲げ，踵がお尻につくかどうかでチェックすることができる。柔軟性が保たれていれば踵がお尻に容易につくが，低下しているとつかない，もしくはお尻が浮いてくる。このチェックはストレッチングにもなるため，授業前

のウォームアップで実施するとよい。ただし，オスグッド病の児童生徒は，すねの前面に痛みが出る場合があるため，実施させないようにする。さらに，女性の場合は，成長に伴い骨盤の横径が広くなり荷重時に下肢に捻れのストレスが加わりやすいこと，月経周期の排卵期に関節弛緩性が大きくなることが知られており，それらの影響で靭帯への負荷が高くなると考えられている。これらに対しては，片脚バランスや片脚スクワットなどで動作チェックや動きづくりをし，バランス能力を改善することが有効である。これらも，ウォームアップにて児童生徒同士で確認し合うなど簡単に取り組めるため，ぜひ試してもらいたい。このように体育授業は，教材の特性だけでなく，発育や性差も考慮して実施することが望ましい。

3　授業前の取り組み例

　1つ目はセルフチェックによる健康観察である。全体像（疲れている，食欲不振，めまい）や痛み（頭・胸・腹痛など），表情（顔色が悪い，白目の充血が強い，唇の色が悪いなど）や呼吸系の問題（咳が多い，息が切れやすいなど）など重篤な疾患と関連がある事項について，児童生徒自身での確認を促す。このセルフチェックの有効性を高めるためには，普段から健康教育を充実させ，児童生徒の体調への理解や意識を高めておくことも重要である。2つ目は準備運動に傷害予防プログラムを取り入れることである。導入にあたっては，各教材や環境，児童生徒における傷害特性の理解が必要となる。

（廣重 陽介）

引用・参考文献

1）文部科学省．学校における体育活動中の事故防止について（報告書）．https://www.mext.go.jp/a_menu/sports/jyujitsu/__icsFiles/afield-file/2016/06/23/1323968_1.pdf （2022年2月15日閲覧）

2）Yamazaki T. et al. (2021) A preliminary study exploring the change in ankle joint laxity and general joint laxity during the menstrual cycle in cis women. Journal of Foot and Ankle Research. 14 (1): 21.

第 4 章

水泳の
リスクマネジメント

1 水泳におけるリスクの把握

（1）体育授業における水泳を知る

　1950年代に多くの児童生徒の命が奪われた水難事故（紫雲丸衝突事故や津集団水難事件など）をきっかけに，溺水対策として義務教育課程で水泳が必修化された[1]。現行の学習指導要領においても「水遊び」「水泳運動」など教育段階によって呼称は異なるものの，小学校・中学校・高等学校等のすべての校種で扱われている。学習内容は「クロール・平泳ぎ・背泳ぎ・バタフライの4泳法を中心とした泳技能」と「水中での身の安全を守る力」の2つを獲得することを主な目的とし，小学校低学年から高校3年まで積み上げ型に構成されている。その中で水と親しむ楽しさや喜びを学ぶことも重視されている。また，小学校・中学校・高等学校等すべての学習指導要領に水泳での事故防止に関する心得の遵守について記載されており，さらに小学校および中学校では，プールの確保が難しく水泳を実施できない場合であってもこの心得を学習することとしている。

（2）水泳におけるリスクを分析する

　日本スポーツ振興センターの「学校の管理下の災害〔令和2年版〕」[2]では，水泳に関する負傷・疾病は以下のとおり報告されている。

　運動種目別の負傷・疾病のうち，水泳に関するものは小学校が約2.5％（87,308件中2,172件），中学校が約0.6％（223,527件中1,449件），高校が約0.4％（202,331件中818件）である。負傷の種類を多い順に並べると，小学校は挫傷・打撲（757件），骨折（443件），挫創（237件），中学校は挫傷・打撲（539件），骨折（341件），捻挫（183件），高校は挫傷・打撲（244件），捻挫（139件），骨折（125件）となっており，水泳中は疾病はほとんどなく，挫傷・打撲などの負傷が多いことがわかる。

　運動種目別の事故の発生割合から，水泳は特に負傷・疾病が多い種目とはいえないが，一方で重大事故の多い種目という側面もある。「学校における水泳事故防止必携」[3]によると，平成24〜28年度の5年間において水泳中に，小学校で9件，中学校で4件，高校で10件，保育園および幼

稚園で2件の死亡事故が，また，小学校で8件，中学校で11件，高校で10件の後遺症を負う障害事故が発生している。死亡事故の最多要因は溺死で21件（84%），障害事故の最多要因は飛込みで13件（45%）となっている（いずれも全校種の合計）。飛込みによる事故は入水後にプール底で頭部を強打することで頸部を骨折・損傷した結果，脊柱障害や精神・神経障害を生じるケースが多い。溺水，飛込みに（吸水口・排水口への）吸込みを加えた3つを水泳の3大重大事故と呼び[4]，1964〜2005年の間に小学校・中学校・高等学校等で1件ずつの吸込み事故が報告されている。

　以上より，水泳は事故の発生が特別多い種目ではないものの，一度事故が起きると死亡や重大障害につながるケースが多いことを理解する必要がある。学校体育の水泳における重大事故の原因は溺水と飛込みがほとんどである。ただし飛込みはリスクが大きく，小・中学校では取り扱わず，高校においても原則行わずに「安全を十分に確保した上で，学校や生徒の実態に応じて段階的な指導を行うことができる」と平成29年改訂の学習指導要領に記載されている点は押さえておきたい。

（3）水泳における教員の注意義務を理解する

　ここでは水泳の3大重大事故（溺水，飛込み，吸込み）に関する裁判例を示し，体育授業の水泳における教員の注意義務について考える。

> **判例1** ▷ **溺水事故に関する裁判**
>
> 　溺水事故の裁判（福岡高裁／判決 平成18年7月27日）で教員の過失として争点になったのは，監視の過失および救護上の過失であった。同事件では，65名の児童が泳ぐプールを2名の教員で指導および監視していた際，水中で静かにうつ伏せで失神している5年生の男子児童が発見され，教員によって救命措置が取られた結果，一命は取り留めたものの，重篤な後遺症を負った。
>
> 　裁判所は，指導対象児童が65名と多かったこと，泳力差の幅が広い集団への指導から事故防止のための監視まで担う役割が多かったことから，教員2名での実施には無理があり教員の監視上

の過失を認めた。また，「児童がもがくことなく溺水したため，異常を発見することは不可能であった」という教員側の主張は，人が静かに溺れることは特異なケースではなく[4]，注意義務違反に変わりはないと退けた。一方で児童側の「119番通報が遅れた」という主張については，溺水した児童の発見後は1名が救命措置を，もう1名が校長および養護教諭への報告に走った後，119番通報を行ったため，不適切な判断だったとは言えず，救護上の過失は否定した。

判例2▷ 飛込み事故に関する裁判

　飛込み事故に関する複数の裁判において教員の過失と認められた点として，危険性の高い指導を行ったことが挙げられる。特に助走をつける，デッキブラシ等を跳び越えるなどの行為は過度な入水速度や入水角度を生じさせ，プール底へ激突するリスクを高めるため，これらの練習を指示した教員の過失が認められるケースは多い（最高裁／判決 昭和62年2月6日，広島地裁／判決 平成9年3月31日）。また，スタート台の高さに対する水深が十分でない構造のプールで飛込みを実施させた場合，学校および教員の過失が認められる傾向にある（浦和地裁／判決 平成5年4月23日，大阪地裁／判決 平成7年2月20日）。

　これらに加えて，飛込みの危険性を十分に児童生徒に伝えなかったこと，飛込みを安全に実施できる技能を有するか判断を誤ったことなども過失として認められている（最高裁／判決 昭和62年2月6日，松山地裁／判決 平成11年8月27日など）。一方で，教員が十分な注意指導を行い，深く潜りやすいパイクスタートを禁止したにもかかわらず，児童がパイクスタートを行い，プール底に頭部を激突させ重傷を負った事故では，教員の過失が認められなかった（大阪地裁／判決 昭和61年6月20日）。

　以上の裁判例から，体育授業の水泳において教員や学校は主に，①十分な監視体制の確保，②事故発生時の救護，③技能レベルの把握とそれに合った指導の実施，④水泳における危険性の注意指導，⑤安全なプール構造の管理について責任を負っていると考えることができる。過去の事故の傾向に加えて，現行の学習指導要領において飛込みがほぼ禁止されていることも踏まえると，今日の体育授業の水泳で最も注意すべき事故は溺水である。

2 水泳における安全教育

（1）安全な学習環境をデザインする

　指導者から死角のできやすいプールでは児童生徒自身が溺水の危険性を理解し，自分や他人の身を守る知識・技能を身につけることも重要である。溺水は水中で呼吸に障害が出る状態であり，鼻から誤って水を飲むことで平衡感覚を失い，パニックを起こすケースやノーパニック症候群（過換気によって酸素不足に気づかず静かに溺水する）などが多くみられる[4]。溺水者は必ずしもパニックを起こして水面や水中でのたうち回るわけではなく，静かに溺水する可能性もあることは注意が必要である。さらに，何かしらの基礎疾患によって失神した場合にも溺水の危険がある。水中に人が沈んでいるのを発見した場合，ふざけている可能性があってもすぐに指導者に伝達するよう児童生徒に指導すべきである。また，プール中央部分は水深が深いこと，角付近は特に指導者の死角になりやすいことなど，プールの構造的な危険性を理解させることも児童生徒の危険を回避する意識を

育てるために重要であろう。

　溺水防止のため児童生徒の泳技能レベルや身体特性に合わせた指導が必要なことは言うまでもないが，同時に溺水を未然または発生直後に発見できる監視体制を敷くことも重要である。監視体制について考慮すべき点は，監視者の役割と監視人数，監視者の立ち位置である。監視者は安全管理のみに従事し，指導には関与しない立場の者である。監視者には水深の深いプールの中央付近，死角になりやすいプール角が溺水の起きやすい危険箇所であることを理解し，目を配ることが求められる。25m プールでの授業ならば，危険箇所をカバーするためにプールサイドに最低2名の監視者を配置することが望ましい[4]（**図1**）。

　しかしながら，授業担当教員のみで指導と監視に十分な人員を確保することは容易ではない。そのため「学校における体育活動中の事故防止のための映像資料」（文部科学省）では，養護教諭や管理職にある教員，保護者などに協力を要請することを推奨している。また，同資料では監視の要点として，①水面だけでなくプール底にも注意を払うこと，②なるべく高い位置から全体を見ること（監視台などがあれば望ましい），③課題別に練習を行う時は特に注意が必要なこと，④プール利用規則を守るよう児童生徒に注意喚起すること，⑤笛，メガホン，救急用具など必要な物品を準

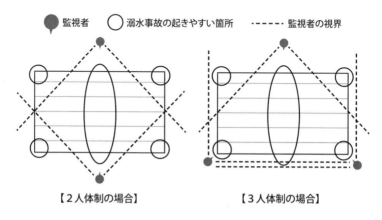

【2人体制の場合】　　　　　【3人体制の場合】

図1　監視者の配置

備すること，⑥水着を着用して緊急時の入水に備えることを挙げている。水泳授業は夏の暑い時期に実施することがほとんどであるため，ビーチパラソルや帽子で直射日光を避ける，交替で休憩できる体制を整える，十分な水分補給を行うなど，監視者の体調もケアする必要がある。

（2）安全な学習過程をデザインする
①発達段階，習熟度に応じた段階的な学習

　現行の学習指導要領では高校での4泳法習得に向けて発達段階や習熟度に応じて技能・知識を積み上げていく形で指導する方法が記載されている。その第一段階にあたる小学校低学年の「水遊び」は，以降のスムーズな泳技能習得および水中での安全確保に対して重要な役割を担っていると考えられる。「泳ぐ」ということは「浮く・呼吸する・進む」の3つを同時に行うことであり，小学校低学年ではこのうち「浮く・呼吸する」を遊びながら習得することを目指す。「浮く・呼吸する」は安全水泳の根幹となる技術であり，十分に時間をかけて指導する必要がある。

　「水遊び」で水に慣れた児童に対する次のステップとして実施が推奨されている泳法に，学校体育研究同志会の考案したドル平泳法がある[5]。ドル平泳法は浮いた状態で呼吸しやすいように腕をかき，両足で水を押すようにキックを打って進む泳法（**図2**）であり，指導の際は腕のかきやキックで推進する技術よりも浮くことと呼吸することを重視する特徴があり，安全水泳に適した指導方法だと考えられる。

②バディシステム

　溺水者がいないことを確認するために，授業担当者は頻繁に人数確認

図2　ドル平泳法の図解
（川上光宣ほか「学校体育における水泳指導に関する基礎的研究」より）

を行う必要があるが，迅速な人数確認の方法としてよく使われるのはバディシステムである。これは２人１組になり，授業中に教員が「バディ」と号令をかけた際にお互いの安全を確認する制度で，小学校では号令後にバディ同士で手をつなぐ形式をとることも多い。バディシステムには，人数確認の時間を短縮できる，児童生徒同士で表情等を確認させることで他者理解を促せるなどのメリットがある。さらに，お互いの泳法チェックや教え合いなどを通じて泳技能の向上も期待できる[4]。

③ 飛込み

　前述のとおり，現行の学習指導要領では飛込みを原則扱わないこととされている。よって，飛込みは大きな危険を伴う行為であることを児童生徒に理解させた上で，禁止を周知することが教員の責務であるといえる。一方，高校では生徒の技能レベルやプールの水深等に応じて指導を行うことも可能である。その場合，段階的かつ安全な指導方法を教員が理解している必要がある。

　飛込み事故はプール底への頭部の激突により生じることがほとんどであり，これには泳者の体型や入水条件（姿勢，方向，速度など）が関係する。現在，飛込みの指導は十分な技能を有した高校生のみを対象として行われるが，入水後の深さには入水の勢い（体重と速度で決まる）が影響するため，体重の重い高校生は飛込み失敗時の事故のリスクが大きくなるといえる。このリスクは運動技能とは関係なく，スタート台の高さや生徒の体型で決定される点は特に注意が必要である。日本水泳連盟が飛込みの指導についての資料（「スタートの段階指導」[6]）を公開しているので，指導の参考にするとよい。同資料では，飛込み指導を①水面と同じ高さから，指導者の補助を受けてスタート，②水面と同じ高さから，両腕を耳の後ろに組みスタート，③水面と同じ高さから，両手を両足の外にして構え，両腕を耳の後ろに組んでからスタート，④水面と同じ高さからグラブスタート，⑤スタート台からグラブスタート，⑥スタート台から，ヘッドアクションを使いグラブスタートの６段階に分けることが紹介されており，スタート台からの飛込みは安全な入水・浮上技術の身についた⑤まで行わないこととしている。

指導方法に加えて，授業を実施するプールが飛込み指導に適した環境であるか見極める必要がある。日本水泳連盟は「プール水深とスタート台の高さに関するガイドライン」[7]を策定しており，危険度の少ない条件を**表1**のとおりに示している。教員はこれを基準に飛込み実施の可否を判断する必要があると言えよう。

なお，飛込み指導の技術保持と安全な飛込み実施環境に加えて指導・監視体制が十分でない場合は，高校の体育授業であっても飛込みを授業で扱うべきではない（**図3**）。

表1 水深に対するスタート台の高さの安全基準
（日本水泳連盟「プール水深とスタート台の高さに関するガイドライン」より）

水深（満水時）	スタート台の高さ（水面上からの高さ）
1.00 〜 1.10m 未満	0.30m 以下
1.10 〜 1.20m 未満	0.35m 以下
1.20 〜 1.35m 未満	0.40m 以下

飛び込みスタートの指導に際し，知っておくべきこと
・飛び込みスタートの安全だけを考えれば，3m以上の水深が必要であること
・飛び込みスタートの事故は，水泳経験等の多寡に関係なく発生する可能性があること
・飛び込みスタートの事故は，死亡あるいは重篤な後遺障害を伴う可能性があること
・飛び込みスタートの練習は，指導者の下で段階的に行う必要があること
・飛び込みスタートの段階的な練習は，日本水泳連盟の示す方法が参考になること

図3 飛込み指導についての注意点
（日本水泳連盟「水泳指導教本（三訂版）」より）

3 水泳における安全管理

（1）用具・施設をマネジメントする

①水

屋外プールは天候や季節により水温が大きく変化する。水温が低すぎると低体温症，高すぎると熱中症のリスクが高まるため，担当教員は水

温を確認し，授業実施の可否を判断する必要がある。また，気温にも注意が必要で，水温＋気温が 50〜65℃ の間に収まっていることが望ましい[3][4]。

水質については学校環境衛生管理マニュアル[8]で検査項目が定められている（**表2**）。検査項目（1）〜（6）は使用日の積算が 30 日以内ごとに 1 回，検査項目（7）は使用期間中の適切な時期に 1 回以上，検査項目（8）は毎学年 1 回，定期に検査を実施することとしている。

その他にも，授業実施前に水位の確認も実施するべきであろう。児童生徒の体型に合わせて水位を調整する場合は，教員間で情報を共有し，また，水を足す場合は水温が低下する点についても注意が必要である。

② プール全体

児童生徒が素足で移動することを考慮し，プールサイドに異物が落ちていないか確認する。また，プールサイドにぬめりがあると転倒の危険が高まるため，デッキブラシなどで掃除し，清潔さを保つことも必要である。プール内がタイルで作られている場合，欠けたタイルで切傷をする可能性があるので，タイルに破損がないかも確認する。

表2 水質管理の基準表
（文部科学省「学校環境衛生管理マニュアル」より）

	検査項目	基　　準
水質	（1）　遊離残留塩素	0.4mg/L 以上であること。また，1.0 mg/L 以下であることが望ましい。
	（2）　pH 値	5.8 以上 8.6 以下であること。
	（3）　大腸菌	検出されないこと。
	（4）　一般細菌	1mL 中 200 コロニー以下であること。
	（5）　有機物等（過マンガン酸カリウム消費量）	12mg/L 以下であること。
	（6）　濁度	2 度以下であること。
	（7）　総トリハロメタン	0.2mg/L 以下であることが望ましい。
	（8）　循環ろ過装置の処理水	循環ろ過装置の出口における濁度は，0.5 度以下であること。また，0.1 度以下であることが望ましい。

③ レーンロープ

　レーンロープを強く張ることで，造波を抑えることができる。しかし，強く張りすぎると切断の危険性も高まるため，波で流されない程度の張り具合いにする。なお，授業後にロープを緩めることで，ワイヤーを長持ちさせることができる。また，レーンロープとプール壁の接続部分には空洞があり，壁にタッチする際，誤って指が入り負傷することもあるため，カバーを装着する必要がある。

④ プールフロア

　水深調整用に使われるプールフロア（いわゆる「赤台」）は児童生徒が天面とプール床の間に潜り込んで溺水するケースがあるため，脚部の間に潜り込み防止の板を設置する。

⑤ 吸水口

　吸水口への吸込み事故は，防護柵や蓋が設置されていない，破損している，または固定が十分でないことで発生する。そのため，プール使用時は必ず防護柵や蓋の状況（破損の有無やボルトの締まり具合）を確認する必要がある。万が一吸込み事故が発生した場合は，ただちに吸水装置（循環装置）の電源を切る。

　上記の安全点検は担当教員で実施できるが，循環装置の点検などは専門業者に定期点検を依頼するべきであろう。

（2）学習活動をマネジメントする

　水温や水圧など水特有の影響を受ける水泳においては，他の運動以上に児童生徒の体調に留意しなければならない。「水泳指導の手引(三訂版)」[9]では，授業担当教員等が保護者に児童生徒の健康状態を報告してもらう「健康カード」（**図4**）などを使用することを推奨している。また，授業担当教員は実施日の健康調査だけでなく，定期健康診断結果や既往歴を保護者や養護教諭，主治医と共有し，水泳実施の可否などを判断する。水泳における死亡事故の原因として突然死が報告されていることからも，急性心筋梗塞などによる心停止や何かしらの疾患が招く失神による溺水の可能性も

あることを理解しておく必要がある。

年　　　組　氏　名							
項目　　　　　　　　月日	／	／	／	／	／	／	／
朝の体温は何度でしたか	℃	℃	℃	℃	℃	℃	℃
睡眠時間はどれくらいでしたか	時間	時間	時間	時間	時間	時間	時間
1　朝食は食べましたか（何時に食べましたか）	（　時）	（　時）	（　時）	（　時）	（　時）	（　時）	（　時）
2　朝, 排便はありましたか							
3　下痢や腹痛の症状はありませんか							
4　頭痛を訴えていませんか							
5　せき・鼻水はでていませんか							
6　吐き気はありませんか							
7　めまいやふらつきはありませんか							
8　心臓がどきどきしたり, 胸の痛みはありませんか							
9　足のむくみや手足の痛みはありませんか							
保護者印							

※1〜9については，「はい」は○を，「いいえ」は×をつけてください。

図4 健康カードの例
　　（文部科学省「水泳指導の手引（三訂版)」より）

（明石　啓太）

引用・参考文献

1）松井敦典・南隆尚・野村照夫（2016）日本の水泳教育における着衣泳の普及と取り扱いに関する論考．水泳水中運動科学19巻，1号，pp.8-15.

2）日本スポーツ振興センター（2021）学校の管理下の災害〔令和2年版〕．pp.202-212.

3）日本スポーツ振興センター（2018）学校における水泳事故防止必携．pp.11-36，141-176.

4）日本水泳連盟（2019）水泳指導教本（三訂版）．大修館書店．

5）川上光宣・中瀬古哲・永橋京（2018）学校体育における水泳指導に関する基礎的研究．ジュニアスポーツ教育学科紀要6巻，pp.9-23.

6）日本水泳連盟（2019）スタートの段階指導．

7）日本水泳連盟（2019）プール水深とスタート台の高さに関するガイドライン．

8）文部科学省（2018）学校環境衛生管理マニュアル．pp.120-141.

9）文部科学省（2014）学校体育実技指導資料第4集 水泳指導の手引（三訂版）．pp.123-140.

水泳の
安全チェックリスト

単元開始前

- [ ] 教員は，水泳に関する学習目標，学習内容，教材特性を理解している
- [ ] 教員は，水泳における事故の実態や傾向について理解している
- [ ] 教員は，水泳の指導に関する注意義務について理解している
- [ ] 教員は，事前に把握できる児童生徒の健康，体力，技能の状態について把握している
- [ ] 教員は，泳技能の系統性や段階的な学習方法について理解し，学習活動を計画している
- [ ] 教員は，プール・器具について安全点検を実施している
- [ ] 教員は，緊急時の対応について理解している

毎授業時

- [ ] 教員は，児童生徒の健康状態を確認している
- [ ] 教員は，本時の学習目標，学習内容を説明し，児童生徒は，それらを理解している
- [ ] 教員は，授業におけるルールを説明し，児童生徒は，それを遵守している
- [ ] 教員は，器具の配置等，学習環境に関する危険を説明し，児童生徒は，それらを理解し，自ら危険を予測，回避し，安全な環境をつくっている
- [ ] 教員は，器具の適切な使用方法について説明し，児童生徒は，それらを適切に使用している
- [ ] 教員は，泳技能の系統性や段階的な学習方法について説明し，児童生徒は，それらを理解し，自身の習熟度に応じた運動を実施している
- [ ] 教員は，帮助の方法について説明し，児童生徒は，それらを理解し，適切に実施している
- [ ] 教員および監視者は，児童生徒全員を視界に入れ，異変に気づける状態になっている

コラム 5
準備運動での怪我を防ごう

　準備運動や体つくり運動をする際に間違った動作で行うと，効果が半減するだけでなく，怪我につながる可能性がある。そのため，指導者は怪我のリスクを考慮しながら指導する必要がある。

　ここでは，学校体育で行われることの多い 4 つの運動について，児童生徒がしがちな間違った動作と適切な動作（その対策）を解説する（詳しくは p.80 参照）。

1　スクワット（目的：お尻，太腿の筋肉の強化）

　膝をつま先よりも前に出したり，腰を丸めて行うと，目的とする効果が得られず，膝や腰を痛める可能性がある。

2　腕立て伏せ（目的：腕，胸の筋肉の強化）

　腰を反って動作を行うと，目的とする効果が得られず，腰を痛める可能性がある。

3　腹筋運動（目的：腹筋の強化）

　腹筋運動では，腰を丸めて行うと，腰への負荷が減り，腹筋に対する効果も大きい。しかし，腰を反ると腰に負荷が生じる。

4　背筋運動（目的：背筋の強化）

　背筋運動において腰を過度に反らせると，腰に負荷が生じる。

		間違った動作	適切な動作
1	膝	 ・膝がつま先より前に出ている	 ・膝がつま先より前に出ない ・自然と椅子に座るように
	腰	 ・腰が丸まっている	 ・腰をまっすぐにする ・目線を前に，胸を張る
2	腰	 ・腰が反っている	 ・頭から足までまっすぐに
3	腰	 ・腰が反っている	 ・腰を丸めている ・へそを見るように行う
4	腰	 ・腰が過度に反っている	 ・顎を引いたまま地面から少し胸を浮かす程度

（江波戸 智希・髙山 慎）

第 5 章

球技の
リスクマネジメント

1 球技「ゴール型」におけるリスクの把握

（1）体育授業における球技「ゴール型」を知る

　中学校学習指導要領において，球技「ゴール型」は，ボール操作と空間に走り込むなどの動きによってゴール前での攻防を楽しむ種目と分類されている。球技「ゴール型」の特性は，ドリブルやパスなどのボール操作で相手コートに侵入し，シュートを放ち，一定時間内に相手チームより多くの得点を奪うことである[1]。

　球技における技能の学習内容は「ボールを持たない動き」と「ボールを操作する技能」の2側面から捉えることができる。各種目は学習内容が類似していて，ある種目を学習すれば，その学習内容が他の種目に転移すると考えられている。たとえば，ハンドボールを学習すれば，ボールを持たない動き方（状況判断力やサポートの動き）はバスケットボールやサッカーのプレーにも生かされると考えられている[2]。

（2）球技「ゴール型」におけるリスクを分析する

①球技「ゴール型」における死亡事故について

　学校事故事例検索データベースにおいて，球技「ゴール型」としてバスケットボール，サッカー，ハンドボール，ラグビーを選択し，学校内・校舎内（園内・園舎内）に限定し，検索を行った[3]。平成17年度～令和2年度に災害共済給付した事例検索の結果，192件中，死亡事故が18件，障害事故が174件であった。これらの死亡事故の詳細は，心臓系突然死が13件，大血管系突然死が2件，中枢神経系突然死が1件，熱中症が1件，内臓損傷が1件であり，突然死が多い。

　突然死は「発症から24時間以内の予期せぬ内因性（病）死」とされている[4]。独立行政法人日本スポーツ振興センター「運動中における突然死（心臓系）の事故防止について」[5]によると，平成11～20年の10年間の突然死の発生件数は，年間35～83件で推移しており，死亡全体のおよそ57%を占めている。このため，教員は突然死の発生状況を十分に把握しておく必要がある。その特徴は以下のとおりである。

・学年別では，中学校から増え，高等学校では1〜2年時に多い。

・月別では，中学校では3月，高等学校では10，11月に多い。

・時間帯別では，中学校・高等学校とも10〜12時の間に最も多い。

・男女別では，年齢が上がるにつれて男子の割合が増え，高等学校は79％となっていた。

・発生の状況を「運動中・運動後」と「運動外」に分けると，「運動中・運動後」は，中学校で68％，高等学校で66％と，中学校および高等学校で発生割合が高かった。

②球技「ゴール型」特有の事故について

　日本スポーツ振興センターでは，サッカーゴール，ハンドボールゴール等（以下，ゴール等）の転倒による死亡や障害につながる重大事故が多く発生している状況に鑑み，重大事故を未然に防ぐための方策をまとめている[6]。その中で，平成25〜27年度の学校の管理下における事故災害の発生件数は1,300件を下回り，大きな増減は見られない。また，多少のばらつきはあるものの，毎年同じような傾向が見られる。要因別では，「運搬中に落とす，はさむ」が989件（26.1％）と最も多く，「サッカー以外でぶつかった」が782件（20.6％），「サッカー中にぶつかった」が781件（20.6％），「ネットが起因となる事故」は698件（18.4％）と続く。一方，死亡等重大事故につながるゴール等の転倒は，「風で倒れた」「風以外で倒れた」「ぶら下がって倒れた」を合わせると223件（5.9％）となっている。また，ゴール等の転倒事故を招きかねない「ぶら下がって落ちた」は269件（7.1％）発生している。

③球技「ゴール型」の負傷について

　「学校の管理下の災害〔令和3年版〕」[6]より，中学校における球技「ゴール型」とそれ以外の球技における負傷件数について抜粋した（**表1**）。球技「ゴール型」の負傷の特徴は，骨折，捻挫，挫傷・打撲が多いものの，特に骨折の割合が高かったことである。この要因は，対人（接触）プレーが多いためと考えられる。また，バスケットボールとハンドボールは他の球技と比較し，靭帯損傷・断裂の割合が高かった。体育館内でのジャンプからの着地動作が多いことが要因と考えられる。

表1 運動種目別，負傷の種類別件数とその割合（中学校）
（出典6より抜粋．割合は小数点以下を切り捨て）

区　分		球　技				
		バスケットボール	サッカー・フットサル	ハンドボール	ラグビー	左記以外の球技計
負傷	骨折	19,445	8,990	1,933	469	13,544
		45%	47%	42%	50%	30%
	捻挫	11,646	3,868	1,141	148	11,519
		27%	20%	25%	16%	26%
	脱臼	1,371	217	158	28	1,250
		3%	1%	3%	3%	3%
	挫傷・打撲	6,622	4,973	965	226	14,225
		15%	26%	21%	24%	32%
	靭帯損傷・断裂	3,282	912	306	45	2,719
		8%	5%	7%	5%	6%
	挫創	272	200	35	20	655
		1%	1%	1%	2%	1%
	切創	52	24	7	1	99
		0%	0%	0%	0%	0%
	刺創	10	13	0	1	86
		0%	0%	0%	0%	0%
	割創	3	4	1	0	11
		0%	0%	0%	0%	0%
	裂創	125	38	11	2	162
		0%	0%	0%	0%	0%
	擦過傷	22	46	8	3	128
		0%	0%	0%	0%	0%
	熱傷・火傷	4	1	0	0	12
		0%	0%	0%	0%	0%
	歯牙破折	112	41	10	2	155
		0%	0%	0%	0%	0%
	その他	5	2	0	0	8
		0%	0%	0%	0%	0%
	計	42,971	19,329	4,575	945	44,573
		100%	100%	100%	100%	100%

（3）球技「ゴール型」における教員の注意義務を理解する

判例 1 ▷ 熱中症により健忘症が発生し訴訟となった例

・概要

私立高等学校でバスケットボール部に所属していた女子生徒が，部活動の練習終了直後に熱中症によって倒れ，その後健忘の症状が生じた（大分地裁／判決 平成 20 年 3 月 31 日）。

・過失が認められた点

・事故当日の気象状況は，気温 38 度，湿度 80％の状態であったため，被告 F（同部の監督）には，本来ならば練習を控え，あるいはその内容を比較的軽微なものにし，かつ部員に対して十分な水分および塩分を補給させるよう努めるべき注意義務があった。

・被告らが解離性健忘を予見できると否とにかかわらず，熱中症により失神したときに適切な応急措置を取らなかった場合，熱中症が重症化することは容易に予見できるため，熱中症ガイドブックに従った応急措置を取るべき結果回避義務が存在していることは明らかであったとされた。

判例 2 ▷ 学校にサッカーゴールの設置または管理が問われた例

・概要

原告（児童 A）が小学校のグラウンドにあるサッカーゴールの内側で，両手でゴールネットを掴んでいたところ，原告とゴールネットとの間にいた別の児童 B が原告の背中付近を手で押したため，サッカーゴールが前方に倒れ，原告も転倒した。原告は，転倒の際，サッカーゴールのクロスバーで右側頭部，前額部，鼻部等の骨折，右側硬膜外血腫およびずい液鼻漏等の傷害を負った（札幌地裁／判決 平成 15 年 4 月 22 日）。

・原告の主張

・サッカーゴールは，被告（小学校）の設置または管理に係る公

の営造物である。

・被告は，小・中学校の子どもらがサッカーゴールを使用してサッカー遊びなどをしていることを知りながら，上記の危険防止措置を講じることなく放置したので，本件サッカーゴールの設置または管理には問題がある。

・**最終判決**

・本事故では，地面に凹凸がある等，サッカーゴールが特に倒れやすい状態で設置されていたと認めるべき事情がないことを考慮すると，これについて，杭や金具等で固定し，あるいは固定金具を使用するよう看板に表示するなどして警告する必要があったとは言えず，本件サッカーゴールが通常有すべき安全性を欠き，その設置または管理に問題があったということはできない。

・以上により，原告の被告に対する本訴請求は，棄却された。

　この他にも直近の事例では，2017 年 1 月 13 日，サッカーの授業中に小学 4 年生の児童 C がゴール上部のネットにぶら下がり落下し，倒れてきたゴールに上半身を挟まれ死亡した事件がある。この事件の裁判においてもゴールの固定や安全点検が裁判の争点となっている[7]。執筆時点では，2022 年 6 月 24 日，福岡地裁久留米支部の判決において，学校の安全配慮義務違反が認められている。裁判所は，国が学校の設備について点検や事故防止措置に留意するよう通知していたことから，「事故の発生は容易に予見できた」と指摘している。

　上述のように，ゴール等の転倒による死亡や障害につながる重大事故が多く発生し，その対策が提言されてきた状況においては，事故は予見でき，回避しなければならないものとなっている。

2 球技「ゴール型」における安全教育

（1）安全な学習環境をデザインする

①突然死への対策

　心臓系突然死のリスクは，スポーツ活動時は安静時の 17 倍まで高まる。その多くは心室細動という不整脈によるもので，それを止めるには AED による電気ショックを行うしかない。しかしその対応が 1 分遅れる毎に救命率も 1 割ずつ低下し，10 分を過ぎると救命は困難となる。逆に言えば，もし心停止が起こっても，3 分以内に電気ショックを行えばおよそ 7 割の人の命を救うことができるが，そのためには①心停止で倒れる瞬間を目撃する人がいる，②そばに救助者がいる，③近くに AED がある，といった 3 条件が必須となる。したがって，学校においては，校内のどの場所でも 2 分以内に AED が届けられるような環境づくりもポイントとなる[8]。

　また，定期的に健康診断を行い，心臓疾患や循環器疾患など突然死のリスクを抱えた疾患については事前に発見できるようにする必要がある。併せて，日々のコンディションをチェックして運動量の調整をすることも大切である。さらに，準備運動を十分に行い，運動に対する身体の準備を行っておく必要がある。

②ボールを起点として生じるリスクへの対策

　ボールが直接当たった場合の衝撃は大きく，眼球等の軟部組織に障害が発生する危険性は少なくない。また，頭部に直接当たった場合の事故も注意する必要があり，脳震盪や頭部挫創の場合は，活動の再開には十分安全性を考慮し，活動後も管理・ケアを行うことが重要である。一方，胸部に強く当たった場合，心臓震盪になる可能性がある。子どもの胸骨は柔らかく，衝撃が伝わりやすいため，心停止や心室細動が疑われたときは，AED の使用を含めた救急処置が不可欠である。その他，転がっているボールの上に乗って転倒したり負傷したりする場合もあり，ゲームや練習のリスク管理はもちろんのこと，不要なボールはカゴにしまう等の対策も重要である[9]。

③施設・設備および備品管理上の留意点

　体育館等の屋内では，落ちる汗が原因で足を滑らせることや，シューズの底の溝が減ってきたことに起因する転倒がある。それらを防ぐためには，授業の前後にコートのモップがけ等の整備を十分に行うこと，授業中に転倒が起こったり汗が落ちてコートが濡れたりした際には必ず床を拭くこと，滑りやすくなった体育館シューズは使用しないことが必要である。また床の破損や突起物がないかなど，施設を定期的にチェックしておくことは重要である。

　屋外では，グラウンドの状態（雑草や土など）やボール等によって事故が誘発される場合も多く，場の設定や施設・設備の管理等には十分注意が必要である。運動場，グラウンド等の安全点検・整備は事故防止にきわめて重要である。また，ボールや人の動線等を考慮し，周りの施設やその位置関係を十分配慮したゲームや練習の場の設定が求められる[9]。以上の必要性を児童生徒に認識させた上で，日常的に行う必要がある。

（2）安全な学習過程をデザインする

　図1は，ストライプチームと無地チームが試合前に同じグラウンドでサッカーの練習をしている場面である。この図を見て，危険を予測し，危険を回避できるように変更すべき点を話し合ってみよう。

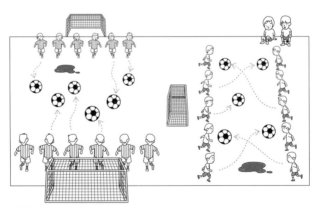

図1 サッカーにおける危険を予測してみよう！

主な変更すべき点として，①ストライプチームと無地チームのパスの方向が異なっている，②無地チームのパスの方向が交差している，③水たまりがそのままになっている，④見学者がボールに座っている，⑤ゴールが固定されていない，などが挙げられる。

3 球技「ゴール型」における安全管理

（1）用具・施設をマネジメントする

ゴールは，ゴールポストとクロスバー，およびこれらを支えるサポート支柱から構成され，ゴールポストやクロスバーには，ゴールネットを取り付けるネットフックが付けられている。ゴールポストとクロスバーの形状は，安全性の観点やボールの跳ね返りの均一性を考慮し，円形のものが推奨される。ゴールは固定式が望ましいが，移動式の場合は杭，固定金具，ウェイトで固定する。その際，ボールが大きく跳ね返るような大きな突起物がないものやゴールのサポート支柱をまたぐ構造のものを使用する。あるいは，同等の要件を満たした砂袋や土のうによる固定でもよい[10]。また，使用していないときには，ゴールを前方に倒したり，ゴール前面を壁際に固定するといった処置をすることが必要となる。

バスケットボールなど屋内で行う競技においては，ランニングシュート時に勢い余って壁や支柱に激突してしまう事例がある。その対策として，防護マットを装着するなどの措置が必要である。また，コート内の床板の破損，ほこりや汗は転倒の原因となり得ることから，きちんと補修をしたりこまめにモップがけを行ったりすることも重要である。屋外にコートが設置されることもあるが，その場合にはコートの凹凸を整備するとともに，砂利や石をきちんと除去しておく必要がある。さらに，屋内コート用の移動式バスケット台に関しては，器具庫からの出し入れの際に車輪や土台の隙間に足を挟んだり，本体と壁の間に身体を挟んだりしないよう注意しなければならない。電動式の油圧タイプの場合には，シリンダーハンガーの摩耗の度合いなどを十分チェックした上で必要な修理・交換などを行わなければならず，専門業者による定期的な点検作業を行う必要がある。ハン

ドボールを屋内で行う場合，ゴール裏の壁が破損しないよう，防護ネットや衝撃緩衝用のマットを置く必要がある。コートの周りに割れやすいものを配置しないようにすることも当然の配慮である。なお，体育館にポールを立てる穴がある場合には金属の蓋をテープで固定することも忘れてはならない[8]。

　器具・用具の使用法に関しては，球技の特性としてボールを使用するため，ボールの傷みや空気圧の確認を怠れば，傷害の発生率が高くなることは明白であるため，使用前にボールの空気圧を適切に調整する必要がある。空気圧が適切ではない場合，ドリブル時に不規則な方向に弾んだり，捕球の際に骨折や突き指を引き起こす可能性があるためである。また，授業時には使用しないボールはボールカゴやケースにしまっておき，コートにボールが転がっていないようにすることも重要な安全管理の1つである。

　さらに屋外では，天候にも注意を払う必要がある。落雷や熱中症に関する事故が増えており生死に関わるケースも報告されている[11]。予兆があった場合は速やかに活動を中止し，危険性がなくなったと判断されるまで，安全な場所に避難する必要がある。

（2）学習活動をマネジメントする

　教員に欠くことのできない条件は，競技に対する理解（技術・戦術の理解）とスポーツ科学の知識，およびマネジメント能力と言われる。ゴール型の競技の特性として，ほとんどの競技で身体接触が伴う。また，あくまでもボールの存在を中心としたチーム同士の対戦ゲームといったところにも特徴がある。したがって事故の発生に共通する大きな点は，チーム内・チーム間での身体接触，ボールとともに動きボールに集中することから生じる周辺意識の狭さ，レベルの向上とともに進む動きのスピード化と高度化への対応，コート・競技場・用具の特性による影響に分類できる[8]。これらのゴール型のリスクを理解した上で，授業で押さえておくべき事項について解説する。

①ルールの遵守

　初心者にルールを覚えさせることで，事故の加害者になることを防止

できる。怪我をしない、させないためにもまずはルールを守ってプレーするといったフェアプレーの精神を身につけさせるとともに、危険なプレーに対しては教員が必ず注意をするべきである。また、技術が未熟なために起こる怪我も多いため、児童生徒ごとに習熟度の差があることを教員が認識する必要がある。習熟度に差があり、プレーの質も大きく違う児童生徒が狭いコートで一緒にプレーする際には、必然的に思わぬ接触が起こり、大きな傷害を起こす可能性もあるため、チーム力が均等になるようなグルーピングや、経験者へのプレーに関する適切なアドバイスも、傷害予防には必要である。さらに、ボールが事故の原因になり得ることを自覚し、ゲーム等に関与していない者には、故意にボールを触らせないことが重要となる。

②基本動作の習得

　バスケットボールは比較的サイズが大きく重量もあるため、強く出されたパスを受け損なうことによる事故も多い。このことは、他の種目にも通じ、これらのほとんどが「ボールの捕球に不慣れであること」や「準備運動が十分でないこと」または「試合に集中していないこと」が原因で発生している[9]。そのため、捕球に不慣れな初心者に対しては、捕球のポイント（指を大きく広げ、手のひらをパスする者に向けるなど）から指導を始め、パスをする者も捕球者のこの構えをしっかりと確認し、声を出し合うなど、お互いの捕球に対する準備ができていることを確認した上でパスをするように指導することが必要である。また、教員は、準備運動を十分に行わせ、プレーする児童生徒に対してボールのある場所を常に声を出して共有し、試合に集中させることにも留意する必要がある。

③児童生徒同士の接触事故への対策

　球技「ゴール型」は、競技の性質上、両チームの児童生徒が入り乱れてボールの取り合いをするため、どうしても人同士の接触が多く、予期し得ない怪我が起こりやすい。その結果、振り回した手などが口に当たっての歯牙傷害が多数発生している。これらの事故を防ぐためには、できるだけ危険な身体接触を避けてプレーさせることが必要である[9]。特に

ジャンプをして空中にいる者への接触，着地などの際に相手の足元に入るといった行為は危険である。そのためには，相手との間合いの取り方を指導し，視野を広く保って相手の状況を判断できるようにすることが必要である。ゲーム中のタブレット機器による撮影やゲームを行った後での教員の発問と児童生徒の応答によって戦術の理解を深め，「ボールを持たない動き」や「ボールを操作する技能」だけでなく，「安全なプレー」につなげる指導が必要ある。

（早田　剛・仙波 慎平）

引用・参考文献

1）文部科学省（2019）中学校学習指導要領（平成29年告示）解説保健体育編.

2）髙橋健夫（2009）球技の授業. 中学保健体育科ニュース（1）：2-5

3）日本スポーツ振興センター. 学校事故事例検索データベース. https://www.jpnsport.go.jp/anzen/anzen_school/tabid/822/Default.aspx（2021年12月30日閲覧）

4）Myerburg RJ, Castellanos A.（1999）Cardiac arrest and sudden cardia death. Chapter 24. In Heart Disease. A textbook of cardiovascular medicine. 5th Edition. Edited by E. Braunwald. vol 2. W.B. Saunders Co.

5）日本スポーツ振興センター. 運動中における突然死（心臓系）の事故防止について. https://www.jpnsport.go.jp/anzen/Portals/0/anzen/branch/nagoya/pdf/totsuzenshiall.pdf （2022年1月2日閲覧）

6）日本スポーツ振興センター. 学校の管理下の災害〔令和3年版〕.

7）朝日新聞「ゴールの下敷き，賠償命令　大川の児童死亡事故，市立小の過失認定」2022年6月25日朝刊

8）独立行政法人日本スポーツ振興センター. 特集：体育活動時の事故の留意点－球技編. https://www.jpnsport.go.jp/anzen/Portals/0/anzen/kenko/jyouhou/pdf/jirei/jirei19-5.pdf　pp.120-147.（2022年3月1日閲覧）

9）日本体育協会. 平成24年度日本体育協会スポーツ医・科学研究報告Ⅰ　日本におけるスポーツ外傷サーベイランスシステムの構築 —第3報. https://www.japan-sports.or.jp/Portals/0/data/supoken/doc/studiesreports/2001_2020/H2401.pdf （2022年1月2日閲覧）

10）小笠原正・諏訪伸夫編著（2009）スポーツのリスクマネジメント. pp. 244-268.ぎょうせい.

11）サッカー競技規則2021/22. https://www.jfa.jp/documents/pdf/soccer/lawsofthegame_202122.pdf（2022年3月2日閲覧）

球技「ゴール型」の
安全チェックリスト

単元開始前

①ハード面

☐ 教員は，ゴール（金具）の固定ができているか確認している

☐ 教員は，コートの整備をしている（屋内：天井・壁材・床材，屋外：砂利・石等の危険物除去）

②ソフト面

☐ 教員は，児童生徒の学校心臓検診（健康診断）と事後措置の確認をしている

☐ 教職員と児童生徒は，AED の使用法を含む心肺蘇生法を習得している

☐ 教員は，児童生徒にこれから行う競技のルールを把握させている

毎授業時前

①ハード面

☐ 教員は，床面に滑りやすいところがないか確認している

☐ 教員は，競技器具・支柱の破損および変形がないか確認している

☐ 教員は，施設・設備の塗装面の剥離がないか確認している

☐ 教員は，施設・設備の使用時の異音がないか確認している

☐ 教員は，ボール等の空気圧が適切か確認している

☐ 教員は，ボールの設置位置が適切か確認している

②ソフト面

☐ 教員は，健康観察，健康相談を十分に行っている

☐ 教員は，準備運動・整理運動を十分に行っている

☐ 教員は，習熟度を理解し，グルーピングを行っている

「安全な体力測定」を実現しよう

　体力測定は，子どもから高齢者，トップアスリートまで幅広い対象者に対して行われる。そのため，対象者によって体力測定の目的は異なり，簡易的に行える測定から高度な測定まで様々である。

　本コラムでは，健康やパフォーマンスの向上に役立たせるための体力測定によって怪我をしたり健康状態が悪化したりするという結果がもたらされないよう，事前の準備や事故が起こった際の対処について，基本的な体力測定であり学校教育現場で行われている「新体力テスト」に焦点を当て記載する。

1　体力測定前の準備

　小学校から高等学校までで行われる新体力テストは，機器を使用する測定項目も多いため，前日までに機器の点検を行うことが必要である。また，測定当日に事故が起こって慌ててしまうことがないように，AED の設置場所の確認や，緊急時対応マニュアルの作成・確認が重要になる。さらに，教員が，検者として測定を練習するだけでなく，対象者として測定を経験し実施状況を熟知することも，安全に測定を行うための１つの手段だと考えられる。

　測定当日は，事前に病気や怪我がないかを確認し，測定はいつでも自身の判断でやめられることなどを説明した上で，測定を開始する。特に，運動に慣れていない児童生徒に対しては，測定内容や方法についての事前の丁寧な説明や配慮を行うことで，事故や怪我のリスクを減らすことができると考えられる。

2　体力測定中の対応

　検者は，体力測定の目的，測定項目の特性，測定方法の詳細および留意点などを熟知することはもちろん，児童生徒の様子を見て必要に応じた声かけをしたり，場合によっては体力測定の実施を中止

したり，測定後も体調がすぐれない人などがいないか確認したりするための知識や態度を備えておくことが望まれる。

実際に測定を行う際には，測定を行う順番や，各測定を行う場所の配置にも気を配る必要がある。たとえば，20m シャトルランなど負荷の高い測定項目を最初に行うと，後半の測定に影響することが考えられる。また，多くの対象者を一度に測定する反復横跳びなどは，十分な場所の確保が必要である。特に学校現場においては，限られた時間で多くの対象者を測定しなければならないため，測定するための十分な場所の確保のみならず，測定と測定の間の移動がスムーズになるよう導線を調整したり，測定の待ち時間が長くなり過ぎないよう工夫をしたりすることで，接触などのリスクを軽減することができる。

3 有意義な測定のために

検者は，毅然とした態度や一生懸命に測定を受けている人への気配りや心遣いを忘れてはならない。大勢の人を測定する中で，本質を見失い，流れ作業のような測定になってしまうと，検者・対象者のどちらにとっても意義の小さな時間になってしまう。

前述したように，学校現場では限られた時間で多くの対象者を測定する必要があるため，児童生徒にも検者として協力してもらうことがあるかもしれない。その際は，できる限り事前に体力測定の意義や注意事項等を教示した上で，積極的に参加させてもらいたい。近年，子どもの体力低下が問題視されているが，体力測定を通して自身の体力を知り，児童生徒自身がトレーニングや遊びの中で運動能力を向上させられるような工夫ができるようになってほしい。

最後に，測定機器の点検や，検者および対象者の注意点を踏まえて行うことで，多くの人にとって有意義な体力測定となることを願っている。

（田中 耕作）

1 球技「ネット型」におけるリスクの把握

（1）体育授業における球技「ネット型」を知る

　学習指導要領によると，球技「ネット型」は「ネットで区切られたコートの中でボール操作とボールを持たないときの動きによって攻防を組み立てたり，相手コートに向かって片手，両手もしくは用具を使ってボールなどを返球したりして，一定の得点に早く達することを競い合うこと」とされている[1]。さらに言うと，球技「ネット型」はボールやシャトルを自コートに落とさないようにしながら，ネットを挟んだ相手コートに落とすスポーツであり，これをいかにして達成できるかについて工夫を凝らすことに醍醐味を見出す種目型である。学校体育ではバレーボール，テニス，バドミントンや卓球が多く採用されており，たとえばバレーボールの単元においては，パスやスパイクなどの基礎技能の獲得とともに，団体スポーツを行うことによる他者との関わり方や協調性を培うことを到達目標として掲げることが多い。

　相手チームとネットを挟んで対峙する球技「ネット型」は，他の種目型と比較すると怪我や事故等の危険性は低いと言われているが，運動種目である以上，リスクは内在しており，それを回避するために教員は注意義務を怠ってはならない。以下では，球技「ネット型」の授業における事故の現状および教員が把握しておくべき注意義務について解説し，安全に球技「ネット型」を展開する上でのリスクマネジメントについて述べる。

（2）球技「ネット型」におけるリスクを分析する

　球技「ネット型」の事故の現状について，日本スポーツ振興センターの「学校の管理下の災害〔令和2年版〕」では次のように報告されている[2]。

　【小学校】体育授業時の負傷・疾病は合計87,308件報告されており，その中で球技「ネット型」に分類される種目を見ると，バレーボール1,037件，テニス29件，バドミントン243件であった。この報告から，球技「ネット型」に分類される種目型の中では，バレーボールが最も事故が多いことがわかる。球技「ネット型」の実施中の負傷に

ついて部位別に見てみると，上肢（622件），下肢（405件），顔部（192件），体幹（55件），頭部（40件）の順で多くなっている。さらに種目ごとに負傷・疾病の種類別で見てみると，バレーボールにおいては骨折（306件），捻挫（300件），挫傷・打撲（299件）といった怪我が多く報告されており，テニスとバドミントンについては挫傷・打撲（150件）が最も多く，次いで捻挫（43件），骨折（36件）となっている[*1]。

【中学校】体育授業時の負傷・疾病は合計223,527件報告されており，そのうちバレーボールは23,272件，テニスは9,928件，バドミントンは4,946件であった。また，負傷部位別に見ると，下肢（11,198件）が最も多く，上肢（10,436件），顔部（3,683件），体幹（2,296件），頭部（635件）の順で多いことが報告されている。さらに種目ごとに負傷・疾病の種類別で見てみると，バレーボールにおいては捻挫（7,932件）が最も多く，次いで骨折（6,468件），挫傷・打撲（4,003件）の順で多いことが報告されている。テニスとバドミントンにおいては挫傷・打撲（5,622件），捻挫（3,535件），骨折（2,196件）の順で多い[*1]。

【高等学校等】体育授業時の負傷・疾病は合計202,331件報告されており，そのうちバレーボールは19,247件，テニス6,069件，バドミントン7,134件であった。また，負傷部位別に見ると，下肢（13,519件）が最も多く，上肢（7,644件），顔部（5,581件），体幹（2,955件），頭部（487件）の順で多いことが報告されている。さらに種目ごとに負傷・疾病の種類別に見てみると，バレーボールにおいては捻挫（6,383件）が最も多く，次いで骨折（4,435件），挫傷・打撲（3,356件）の順で多いことが報告されている。テニスにおいては挫傷・打撲（1,957件），捻挫（1,583件），骨折（737件）の順で多い。バドミントンにおいては捻挫（2,321件），挫傷・打撲（2,000件），靱帯損傷・断裂（761件）の順で多い。

これらの結果から，球技「ネット型」における負傷について部位別に見ると，いずれの年代においても上肢と下肢の負傷・傷害が多いことがわか

る。さらに，負傷の種類を競技別に見ると，バレーボールにおいては小学校では骨折，捻挫，挫傷・打撲が同程度で多く，中学校・高等学校では捻挫の負傷が最も多いことがわかる。これは，跳躍動作の多いバレーボールでは，着地局面でのアクシデントによる足関節捻挫が多いことを示している。また，小学校では上肢の負傷・傷害の割合が高いのに対し，中学校・高等学校では下肢の負傷・傷害の割合が高いことからも，発育発達に伴い跳躍能力などの運動能力が向上することによって，下肢の負傷・傷害の増加を助長していることが示唆されている。テニス，バドミントンにおいては，高等学校のバドミントンを除くすべての年代で挫傷・打撲の負傷が最も多く，捻挫，骨折，靱帯損傷・断裂の順となっている。

（3）球技「ネット型」における教員の注意義務を理解する

　体育授業でどのような種目を行うにしても教員は注意義務を怠ってはならない。ここでは，球技「ネット型」における体育授業中の負傷事故が裁判に至り，教員の注意義務が争点となった事例を紹介する。

判例1 ▷ **教員側に過失がなかったことが認められた例**

　裁判では，教員が生徒に対する指導監督上の義務を怠った（過失があった）かが問われることとなる。例を挙げると，高校の体育授業としてのテニスにおいて，コートチェンジをする際に，試合をしていた隣接するコートからの打球が当該生徒の目に当たり，硝子体剝離等の傷害を負ったとして生徒側が教員に損害賠償を求めた事案がある。本件については，コート内に多くのボールが飛び交うような場合には，打球に十分注意するよう事前に教員が指導していたことから，判決では，教員の過失は認められないとされた（大阪高裁／判決 平成 10 年 7 月 30 日）。

判例2 ▷ **教員が注意義務を怠ったとされる例**

　中学校の体育授業中に男子生徒の蹴ったバレーボールが女子生徒の頭部に当たり，低髄液圧症候群（脳脊髄液減少症）の傷害を

負い，女子生徒側が市に損害賠償を請求した。判決では，バレーボールを蹴り合っていたにもかかわらず，教員がその動静を注視して適切な指導，監督を行っておらず，注意義務を尽くしていないとして過失が認められたが，傷害については本件によって生じたものではないとされた（福岡高裁／判決 平成23年9月22日）。

これらの裁判例から，対人での接触の機会が少なく，比較的安全であると言われているネット型種目においても重大事故につながるようなリスクを孕んでおり，教員が危険性を予見し，環境整備や児童生徒への注意喚起などの注意義務を果たすことが重要と言えよう。

2 球技「ネット型」における安全教育

(1) 安全な学習環境をデザインする

球技「ネット型」において，安全に授業を展開するためにはどのような学習環境を整備するべきであろうか。教員や児童生徒が把握しておくべき安全な学習環境について，種目ごとに事例を挙げて述べていく。

①バレーボールの学習環境

図1は，バレーボールの授業において，生徒がパス練習を行う際の隊形を示したものであるが，この図から想定される事故としてどのようなことが考えられるだろうか。

パス練習は基本的に2人一組で行い，ペアとなった2人が向き合った状態で相手にオーバーハンドパスもしくはアンダーハンドパスを行い，これを交互に繰り返す。パス練習の際，パスの出し手と受け手の視野は正面方向だけに限定されやすくなるため，後方や横方向への注意は緩慢となりやすい。したがって，**図1**のようにペアの隊形が統一されていない状況下では，他のペアのボールの行方を把握することが困難であり，パスが乱れた際に他のペアとぶつかったり，ボールが直撃したりする危険性を孕んでいる。これらの危険性を低減するためには，パス方向を統

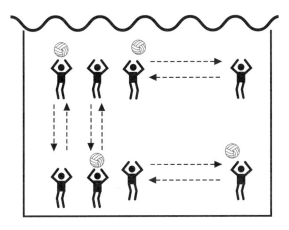

------→ ボールの軌跡

図1 バレーボール授業におけるパス練習の隊形例

一することや他のペアとの距離を十分に確保することが重要となるが，教員はパス練習を行う方向を指示するだけでなく，ペアの隊形を統一することによるリスク回避について児童生徒に事前に理解させておく必要がある。

　次に，スパイク練習時の学習環境にも注意したい。スパイクを打つ際は地面から両足が離れるため，着地時に怪我を誘発する可能性が高まる。特に，スパイクを行っている児童生徒の着地場所に他者のボールが転がり，そのボールを踏んでしまうことによって捻挫や骨折を引き起こしてしまうことが少なくない。これを防止するためには，ネット際にボール拾いの役目を担う児童生徒を配置しておくことや，ボールがスパイクを打つ側のコートに入らないようフェンスを設置しておくことが有効である。また，ボール拾い役の児童生徒がネット際に転がってきたボールに気づいていない場合もあるため，その際は周囲の者が「危ない！」などの声かけをすることも重要となる。スパイク練習は他の練習よりも事故につながるリスクが高いため，どのような危険性が潜んでいるかについて児童生徒に理解させた上で実施するようにしてほしい。

②テニスの学習環境

　次に，テニスの授業における学習環境について考えてもらいたい。**図2**はサーブ練習を行う際の生徒の配置とサーブの軌跡を示している。では，この局面においてどのような危険性が潜んでいるだろうか。

　考えられる危険性として，1つは両方向から同時にサーブを打って練習している点がある。通常，テニスのサーブ時はボールを頭上に挙げ，ラケットでヒットさせるため，サーブ練習をしている生徒は自身が打とうとするボールに集中することになる。したがって，他のボールの行方に注意を払うことが困難となるため，相手コートから自分のいる方向にボールが向かってきたとしても打球に気づいたり反応したりすることは難しく，場合によっては身体に直撃することも考えられる。

　もう1つは，サーブを打つ生徒同士の間隔の問題である。**図2**では同方向にサーブをしようとする複数名の生徒が同時にサーブを行っているため，スイングしたラケットが他の人に直撃する危険性を孕んでいる。ラケットを持って行う種目の場合，ラケット分の距離を計算した上で十分に間隔を空けて行うことが重要となる。

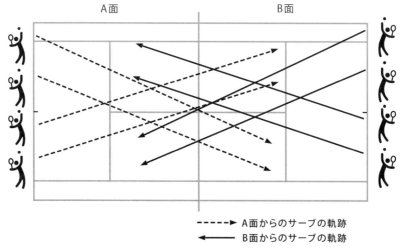

図2　テニス授業における学習環境の一例

ネット型スポーツは相手チームとの接触がほとんどないことから，比較的安全に行うことができるスポーツと言われている。しかし，練習中は他者との身体接触や他者が手にしているラケット等の用具との接触による傷害のリスクが存在することを忘れてはいけない。テニスだけでなく，同じラケットスポーツであるバドミントンにおいてもラケットやシャトルが他者に当たり，視力低下などの障害を引き起こした事例が多いため十分な注意が必要である。

③卓球の学習環境

　卓球は1つのコートが占有する面積が他の球技種目と比べると比較的小さいため，授業や部活動を体育館ではなく教室等の小さな施設で行っている学校も少なくない。その場合，卓球台と卓球台の間隔や後方のスペースが狭いことも多いため，他の卓球台や後方の壁などに衝突しないよう，不要な用具などを事前に移動させるなどの対策が必要となる。また，床面の素材が体育館と比較すると滑りやすいため，定期的なワックスがけや水拭きなど滑りにくくするような工夫が必要であろう。

（2）安全な学習過程をデザインする

　体育授業において，教員は児童生徒の習熟度に沿った学習内容を計画する必要がある。球技「ネット型」における学習過程での安全教育についてバレーボールを例に述べていきたい。

　中学校・高等学校の体育授業では，段階的に本格的なバレーボールの技術習得に向けた学習をしていくことになるが，その際にも注意が必要である。たとえば手関節の使い方が重要となるオーバーハンドパスの習得の際には，まずは額の前でボールを保持することから始め，次に手首をリラックスさせた状態でボールを保持しつつ，徐々に保持する時間を短くすることを意識させる。正しいオーバーハンドパスの形を身につけることによって，指関節の突き指防止につながる。

　ところで，バレーボールの花形プレーと言えばスパイクと答える人が多いのではないだろうか。体育授業においても，スパイクは児童生徒が積極的に取り組むことが多い学習内容である。その一方で，技術を習得するた

めのハードルは高く，パスやサーブなどの技術練習時よりも怪我のリスクは高いため，教員はいつも以上に緊張感をもって授業に臨まなければならない。また，実際のゲームの際に正しいスパイク技術を身につけていなければ，スパイクを打った児童生徒自身だけでなく他者に怪我をさせてしまう恐れがあるため，正しいスパイク技術を習得しておくことが重要となる。スパイク練習時に注意したい怪我は，着地時に足関節を捻ることによる捻挫とネットタッチによる裂傷や打撲である。着地時の捻挫の危険性についてはすでに**本章の2（1）**で述べているため，ここでは割愛する。

　バレーボールのスパイクは両脚で踏み切ることが一般的であるが，初心者や他のスポーツ経験者は片脚で踏み切ろうとすることも多い。バレーボールはネットや相手のブロックを越して相手コートにボールを入れる競技であるため，高い打点でスパイクを打つ必要があり，高い打点を得るためには両脚での踏み切りが適している。一方，片脚踏み切りでの跳躍は前方方向へ身体が流れやすくなるため高い跳躍高が望めない上，ネットタッチによる手指の裂傷や打撲につながる恐れがある。さらに試合中，ネットを挟んでブロックプレーヤーがいた場合は相手との衝突につながることもあるため，正しい踏み切り技術の習得は必須と言えよう。では，正しい踏み切り技術を習得するためにはどのような練習をすればよいのか具体例を示してみたい。

　まず，正しい助走法を習得することである。そのためには最初はボールを用いず，両脚踏み切りによる助走動作を習得することである。次に，セッター役の児童生徒にボールをネット際に上げてもらい，先に習得した助走動作にジャンプを組み合わせ，できる限り高い位置でボールをキャッチする。その際，前方に身体が流れ，ネットタッチしないように注意する。この動作を習得した後に実際にボールをスパイクするというように段階的に習得させることによって，正しい助走法を身につけることができるとともに，怪我のリスクも抑えることができる。

3 球技「ネット型」における安全管理

（1）用具・施設をマネジメントする

　教員は安全に授業を展開できるよう，用具や施設の管理に努める必要がある。以下に球技「ネット型」で使用する用具や施設の管理についての注意点を述べる。

①ネット

　バレーボールやテニスにおいて，支柱にネットを取り付けるためのメインロープの種類には繊維製とワイヤー製がある。ワイヤー製のネットは繰り返し使用していると金属部分が剥き出しとなっていくため，コート設営の際には最大限の注意が必要となる。したがって，耐久性はワイヤー製と比較すると劣るものの，安全性を考慮すると繊維製のネットを使用することが望ましい。また，繊維製のロープであっても，繰り返し使用することによってロープが摩耗している場合がある。摩耗した状態で使用すると危険なため，使用前後には必ず点検しておくべきである。

②支柱

　バレーボールの支柱は近年では軽量なアルミ製やカーボン製の支柱が普及してきたが，今もなお鉄製の支柱を使用している学校は少なくない。鉄製は重い上に錆びやすいため，特に取り扱いには注意が必要であり，使用前には必ず留め具に緩みがないか確認しておく。また，支柱を運ぶ際の落下を防止するため，1人で行わず2人以上で行うことを徹底する。さらに，万が一支柱に衝突した際の事故防止のために，設置した後は支柱の周りに緩衝材となるカバーを設置することを推奨したい。

③ラケット

　テニスやバドミントンにおいて，ラケットのフレーム部分が破損し鋭利になっていた場合，その部分に触れることにより怪我のリスクが高まる。また，グリップ部が劣化したものを使用することによって，掌を負傷したり，スイング中に滑って意図せずラケットを放ってしまう恐れもある。これらを未然に防ぐために，授業時は必ず自分が使用するラケットを点検させ，不備があった場合は別のラケットを使用させる必要があろう。

④卓球台

　卓球台を設置する際は正しい手順で行う必要がある。通常，卓球台は閉じた状態で体育倉庫などに格納されており，使用時にはこれを実施場所まで運び，開いて設置する。この開閉時に手や指を台に挟み怪我をする事例が非常に多いため，設置は1人でなく必ず2人以上で行い，特にゆっくりと開閉動作を行うことが重要である。

⑤床

　体育館の床についても管理を怠らないようにする。過去には，部活動中にバレーボール部の部員がフライングレシーブという体育館の床面に胸部から滑り込むレシーブを行った際，床面の木材が胸部に刺さり怪我をするという事故もあった。体育授業において教員がフライングレシーブのような習得難易度が高い技術を教授することはないとはいえ，児童生徒が突発的に予測不能な動きを行うことも考えられるため，授業前の点検や授業後のモップがけの際に床面の劣化や破損がないか確認しておくべきである（図3）。

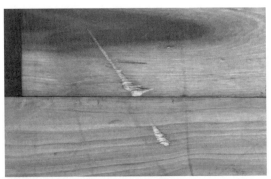

図3 剥離した体育館の床（筆者撮影）

（2）学習活動をマネジメントする

　バレーボールは，ネット型スポーツの中で体育授業で最も用いられる種目であるが，授業内容は発育発達段階に応じたものでなければならない。たとえば，小学校の体育授業で通常のバレーボールで用いられるボール（一

般的な 6 人制で用いられるボール）を使って試合を行うことができるだろうか。運動能力に差があり，発育発達も十分でない小学生に対して，使用するボールを含め，一般的なバレーボールのルールを適用して試合を行うことは技術的に難しいだけでなく，負傷や傷害のリスクが高まるため避けるべきであろう（**図 4**）。

　リスクを避けるための具体例を挙げると，小学生を対象とした場合，キャッチバレーボールのようにボールを一度キャッチしてから次のプレーを行うことができるようにルールを変更したり，ソフトバレーボールを用いて児童のボールに対する恐怖心を和らげつつ安全に行えるよう，ボールの種類を変更したりするなどの工夫をすることで傷害のリスクを抑えつつ，バレーボールの持つ楽しさを体感するとともに基本技術を習得できる。

　バレーボールに限らず，児童生徒の発育発達段階や技能の習得段階に応じた用具の選定やルールづくりは，先に述べたように負傷や傷害のリスクを低減するだけでなく，そのスポーツの面白さや醍醐味を児童生徒に実感させる機会につながる。したがって，教員はそのための準備を入念に行った上で，授業を展開することが重要である。

ソフトバレーボール　　　　　　一般用バレーボール

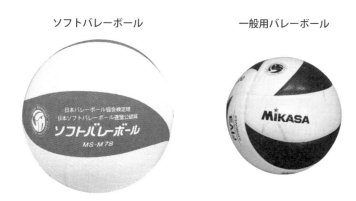

図4 技術の習熟段階に応じたボール選択（筆者撮影）

（十河 直太）

注

＊1　小学校・中学校では，テニスとバドミントンについては同傾向であり，総数が少
　　ないため合算して表記している。

引用・参考文献

1）文部科学省（2017）小学校学習指導要領（平成29年告示）解説体育編.

2）日本スポーツ振興センター（2021）学校の管理下の災害〔令和2年版〕.

3）日本スポーツ振興センター（2020）「体育活動中における球技での事故の傾向およ
　　び事故防止対策」調査研究報告書.
　　https://www.jpnsport.go.jp/anzen/Portals/0/anzen/anzen_school/2019kyugi_chosak-
　　enkyuhoukokusyo/2019_kyugi_chosakenkyuhoukokusyo_all.pdf　（2022年2月14日閲覧）

球技「ネット型」の
安全チェックリスト

単元開始前

☐ 教員は，球技「ネット型」に関する学習目標，学習内容，教材特性を理解している

☐ 教員は，球技「ネット型」における事故の実態や傾向について理解している

☐ 教員は，球技「ネット型」の指導に関する注意義務について理解している

☐ 教員は，事前に把握できる児童生徒の健康，体力，技能の状態について把握している

☐ 教員は，器械・用具について安全点検を実施している

☐ 教員は，緊急時の対応について理解している

毎授業時

☐ 教員は，児童生徒の健康状態を確認している

☐ 教員は，本時の学習目標，学習内容を説明し，児童生徒はそれらを理解している

☐ 教員は，授業におけるルールを説明し，児童生徒はこれを遵守している

☐ 教員は，器具や用具の適切な使用方法や危険性について説明し，児童生徒はそれを理解している

☐ 教員は，安全に授業が展開できるよう器具や用具などの配置場所に注意するとともに児童生徒にも説明し，児童生徒はそれらを理解した上で，自らも安全な環境の保全に努めている

☐ 教員は，児童生徒の技能レベルに応じた授業設計を行い，児童生徒は，習熟レベルに応じた練習や試合を実施している

☐ 教員は，常に児童生徒の行動に目を配り，異常を発見できる状態になっている

体育授業と感染症対策の両立

　2020年1月以来パンデミックを起こしている「新型コロナウイルス（COVID-19）」を取り上げ，授業前後も含めた感染症対策について解説する。体育授業では3密（換気の悪い「密閉空間」，多数が集まる「密集場所」，間近で会話や発声をする「密接場面」）を避けることが基本となるが，学習といかに両立させるかが重要である。

1　体育授業前後の留意事項

　発熱や風邪症状のある児童生徒は登校させず，校内に新型コロナウイルスが持ち込まれないようにした上で，授業始めの体調チェックや下記の感染対策を行う。

（1）体育施設の入口にサーモグラフィーか検温器を設置し，体温を計測する（37.5℃以上の場合は，参加しない）。

（2）体育施設への入退出時は，毎回手洗いまたは手指消毒を行う。共用する器具・用具については，使用の度に消毒をするのではなく，授業前後の手洗いまたは手指消毒で対応する。

（3）更衣室は3密になりやすく感染事例も多いため，一度に入る人数を制限し，こまめに換気する。また，ドアノブやロッカーの取手などは定期的に消毒する（1日1回以上）。着替えは，至近距離での会話を避け，速やかに行う。

2　体育授業中の留意事項

　授業中には，学習と感染対策の両立が必要である。下記の対策を参考に，各学校の事情や感染状況も踏まえ柔軟に対応してほしい。

（1）マスクは運動に必要な酸素を取り込みにくくし，血液の酸素飽和度を低下させるため（**図1**），学習者は，運動時にはマスクを外す。ただし，軽度な運動を行う場合やマスクの着用を希望する児童生徒については，マスクを着用してもよい。

（2）学習時には基本的に児童生徒間の距離を2m以上とる。集合や整列の際にはコーンを置いて立つ位置を示すなど，密集しないよう工夫する。対面の場合は互いの距離を3〜6m以上離すなど，飛沫をかぶらないようにする[1]。授業中は必要最小限の発声とし，至近距離での会話はせず，大声を出さない。

（3）授業を見学する児童生徒もマスクは着用し，人との距離を1〜2m以上確保する。ただし，夏季には熱中症にならないよう，日陰で見学したり必要に応じてマスクを外したりする。

（4）教員は，授業中もマスクを着用する。ただし，マスクの着用が自らの身体へのリスクとなる場合や，指導のため自らが運動を行う場合などは，外してもよい。その際は，不必要な会話や発声をせず，児童生徒との距離を2m以上確保する。

（5）体育施設が室内の場合はこまめに換気を行い（1時間に1〜2回程度），ドアは常に大きく開け，窓も多少開けておく。

（6）休憩時や飲食・飲水時には容器やタオル等の使い回しは止め，至近距離での会話をしない。

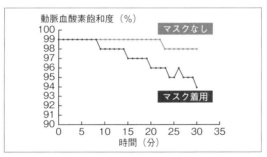

図1 運動中の動脈血酸素飽和度 −マスク着用の有無による比較−（東京農大・樫村修生教授 提供）

（黒川 隆志・古山 喜一）

引用・参考文献

1）X Xie et al.（2007）How far droplets can move in indoor environments – revisiting the Wells evaporation–falling curve. Indoor air. 17: 211–225.

1 球技「ベースボール型」におけるリスクの把握

（1）体育授業における球技「ベースボール型」を知る

　球技「ベースボール型」には，野球，ソフトボール，ティーボール，近年では日本でも定着が目指されている baseball 5 等があり，これらの種目には，ボールを持つ人とボールを持たない人のどちらがベースに先に辿り着けるかを巡って競うという特性がある[*1]。これまでに，この特性を活かしつつさらに面白くするために，使用できる用具の制限や進塁方法の制限など，幾度ものルールの変遷を繰り返しながら現在に至る[*2]。しかしながら学校体育では，そのルールが「ネット型」「ゴール型」に比べると難しいと感じさせたり，怪我をさせてしまいそうだと捉えられたりする要因となり，児童生徒にゲームを経験させることを躊躇する教員も少なくない。一方で，中学校・高等学校のいずれの学習指導要領においても球技「ベースボール型」の学習内容には「ゲームを展開すること」「攻防すること」が明記されており，これらの学習内容を身につけることに，豊かなスポーツライフの実現に向けた期待が寄せられていることがうかがえる。したがって，怪我を恐れ回避するのではなく，適切なリスクマネジメントのもとでゲームを実施できるようになってもらいたい[*3]。

（2）球技「ベースボール型」におけるリスクを分析する

　日本スポーツ振興センターの「学校の管理下の災害〔令和3年版〕」には，体育授業中の球技「ベースボール型」の実施に関する負傷が次のとおり報告されている。

　学校種別においては，小学校567件（ソフトボール：315件，野球（含軟式）252件），中学校4,067件（ソフトボール：3,894件，野球（含軟式）173件），高等学校2,850件（ソフトボール：2,697件，野球（含軟式）153件）である。小学校に比べると技能あるいは身体能力の高い中学校・高等学校の生徒の方が負傷のリスクが高いことがわかる。

　また，負傷の部位別件数を見てみる。その結果，小学校では上肢部167件（43.1％），顔部115件（29.7％），下肢部67件（17.3％），体幹部19

件（4.9％），頭部18件（4.6％），その他1件であった。また，上肢部167件のうち127件（76.0％）は手・手指部，顔部115件のうち90件（78.2％）は眼部，下肢部67件のうち31件（46.2％）は足関節の負傷が多いという特徴が見出された。このような特徴は，中学校・高等学校においてもおおむね同様であった。そして，中学校における眼部への負傷の約4割は，テニスとソフトボール・野球（含軟式）が占めていた。これらの種目は，用具によって放たれ必ずしも意図的とは言えないスピード，方向に飛んでくるボールを身体付近で操作するという構造で共通している。眼部への負傷リスクを下げるという観点から，使用する用具やグラウンド等の教場には注意していくことが必要となる。

　次に，平成17年度から令和2年度までの間に日本スポーツ振興センターの「学校事故事例検索データベース」に報告された死亡・障害事故の内容を「打つ」「捕る」「投げる」「走る」のどの活動に関わって発生したのかという観点から分類した。なお，報告件数は死亡事故が1件，障害事故が108件であり，種目ごとの内訳はソフトボールが103件，野球（含軟式）が6件であった。また，投手に強い打球が当たって打撲した等の内容は，「捕る」に関わって発生しているようにも捉えられるが，打者から投手までの距離や打球の強さを踏まえて「打つ」に関わって発生していると見なした。学習活動と関連するとは考えにくい突発的なものは「その他」と位置づけた。

　その結果，「打つ」に関わる活動による発生が82件（75.2％），「捕る」に関わる活動による発生が16件（14.6％），「投げる」に関わる活動による発生が4件（3.6％），「走る」に関わる活動による発生が4件（3.6％），その他が3件（2.7％）であった。この領域での障害事故の多くが「打つ」活動に関わって発生しているという顕著な傾向からは，ベースボール型のゲームにおいて「打つ」という活動を必ずしも行わないといけないのか，どのように行えば良いのかをあらためて見直す必要があると言えよう。

　最後に，これまでに見出されたベースボール型における負傷リスクは，プレイヤーを応援する観客や支える審判にも，そのリスクがある。プロ野球の試合でも，度々ファウルボールへの注意喚起のアナウンスが流され，

審判もしっかりした防具をつけているのを目にしたことがあるだろう。授業においても，プレイヤー以外の児童生徒にも負傷するリスクがある点は押さえておく必要がある。

（3）球技「ベースボール型」における教員の注意義務を理解する

　この領域の授業における事故に関する裁判例から教員の注意義務についての観点を示せば，以下のとおりである。

観点❶

想定し得る危険を回避した活動が実施されていたか

判例1 ▷ 教員が注意義務を怠ったとされた例

・**概要**

　授業中のソフトボールの試合に，防護マスクを着けず審判として参加していた小学6年生の左眼にファウルチップのボールが当たり失明した（浦和地裁／判決 平成4年4月22日）。

・**当時の状況**

　教員は，硬式テニスボールを使用してソフトボールを実施させた。投手をしていた児童は，地域の少年野球チームに所属していてボールのスピードも速かった上に，ルール違反をして下手投げでなくよりスピードの出る上手投げに変更していた。教員は，それを見ていたが指導を行うことはせず，防護マスクの準備と着用の指導も行わなかった。

・**裁判の経過**

　裁判では，上記に加えて，硬式テニスボールではあったが，球がバットの芯に当たらなかった場合に，速度が変わり，回転が増して直線的に審判を直撃することは容易に想定できたとして注意義務を怠ったという判断が下された。

事前状況を踏まえた活動が実施されていたか

> **判例2** ▶ **教員が注意義務を果たしたと認められた例**

・**概要**

県立高校の保健体育の自習授業として行われたソフトボールの試合において，投手をしていた生徒が打球を腹に受け死亡した（宮崎地裁／判決 平成7年7月10日）。

・**当時の状況**

教員は，全13時間予定のうち6時間目までに基礎練習や試合形式の練習，本時と同じ試合を指導していた。また，自習を行わせるにあたって，事前にランニング等の準備運動を行った後に体育委員の生徒に対して別教員から指導を受けて試合をするよう事前に指示をし，その旨は別教員にも連絡をしていた。また，担当教員の直接指導下にはなかったが，本事故の発生はただちに体育委員によって他の保健体育の教員らに通報され，事故直後から救急処置が行われた。さらには，その学校において，過去に本事故のようなソフトボールの試合中に事故が生じたことはなく，水泳や持久走に比べてソフトボールは危険度の少ない競技である点から，注意義務を果たしたと認められている。

　以上の裁判例から教員には，危険を回避できる用具や体制を整えられているか，危険を回避できる学習過程が児童生徒らの準備状況を加味しながらデザインされているかに注意する義務があると言えよう。

2 球技「ベースボール型」における安全教育

（1）安全な学習環境をデザインする

　この領域における安全な学習環境を整えるために想定すべき危険の観点

と，児童生徒が危険を予測・回避できるよう促す教育的な視点を提示する。

①打球はどこにでも飛ぶ，後ろにも飛ぶ

　「打つ」活動に関わって発生する事故が多いことは前述のとおりだが，中でもファウルボールには十分な注意が必要である。たとえば，軽く柔らかいボールを使用する場合であっても，眼部に回転のかかった速度のあるボールが当たれば失明に至る場合がある。打席を控える，あるいは試合を観戦する児童生徒は，打者から距離をとった場所に待機する必要がある。また，使用するボールによって，あるいは打者との距離がとれない場合には，待機する場所や観戦する場所の前に防球ネットを用意する。さらに，捕手や審判などの打者の後ろに位置する人にも強い回転のかかったボールが飛んでくる可能性があるため，必ず防護マスクを着用し，ポジションによっては手・手指部は身体の後ろに隠すなどして当たらないよう注意を促すことも大切である。

　上記を踏まえれば，活動中は防球ネットによって守られていない限り必ず打球の行方から目を離さないようにすること，2か所で試合やノック，バッティング練習などの活動をする場合はボールを追う児童生徒に別方向から飛んでくる他のボールが当たらないよう留意することが大切である。

②強い打球は死亡事故にもつながる

　投手をしている児童生徒が強い打球を避けるのは非常に難しい。かと言って仕方がないと済ませられる問題ではない。体力や体格差に応じて柔らかいボールを使用することを選択したり，強い打球が飛ばないように片手で打ったりする等ルールを工夫していくことが，それを防ぐ対策として考えられる。ただしこのときに注意してほしいのが，児童生徒みんなでベースボール型の特性に触れながら高度に知恵を出し合うことを楽しむための工夫であり，単に上手な子に手加減をしてもらうためではないという点である。たとえば，高校野球などで活躍する選手を見ても小柄な選手はいるわけで，その中で点を取るために自分にできることを考えてプレーすることにやりがいを見出している。また，障害者野球では，捕球から送球までの流れを片腕のみで実施するスキルを身につけて

本気でプレーしている選手もいる。体育授業でも多様な人々とともにベースボール型を楽しむという方向に目を向けて教育をしていく必要があり，そのことは不可避な力の差による怪我のリスクを低減させるためにも大切である。

③イレギュラーなバウンドはある

　転がってくるボールをよく見て捕球するという動きは，ベースボール型に特有である。したがって，グランドに凹凸がないか，石が落ちていないか等を必ず確かめて，イレギュラーなバウンドを最低限に留められる状態で活動することが大事である。もしも，凹凸があれば丁寧に整備を行う必要がある。また，自分が使用した後の土の状態に気を配り，必要に応じて平らな状態に戻したり，石を取り除いたりするよう指導することによって，活動中に生じる凹凸が原因のイレギュラーなバウンドの発生を防ぐことができる。ベースボール型は屋外で行うことが多いため，突発的な風や土の状態等といった自然がもたらす予期せぬ状況は防ぎ切れないが，予期できる部分に適切に対処することで，少しでも安全性を高めながらベースボール型の面白さの一つの要素として取り組むとよい。

④バットは凶器にもなり得る

　「打つ」活動に関わって発生している負傷の中には，打球によるものだけでなくバットのスイングによって発生するものもある。たとえば，ゲームでスイングする際に誤ってバットが手から離れて守備をしている人や打席を控えている人に当ててしまうことや，スイングの練習中にバットが人に当たってしまうことがある。そして，金属のバットを使用していた場合には重症度の高い怪我へとつながることもある。特にゲームでは，打つ活動から走る活動へと瞬時に移行するので，急いで走ろうと無意識にバットを投げてしまうことがある。よって，基本的にはスイングする人の近くに人が立たないようにすることが重要となる。それでもゲームでは打者の近くで守らなければならないような状況もあるかもしれないが，打者の近くのエリアで打球が止まった場合，その時点でアウトになるというルールを設定しておけば極端に前を守る必要もなくな

る。また，打者側のルールとして，打った後にバットを置く場所を決め，そこに置いてから走るよう工夫することもできる。

（2）安全な学習過程をデザインする

　この領域の体育授業では，部分練習を基礎練習と捉え，ある部分ができるようになってからゲームをするという，技能のみを習熟度として捉えて段階的な学習過程が組まれることも多い。しかしながら，小学生よりも中・高校生に負傷が多いという現状と競技種目としてのルールに近づければ近づけるほど複雑性を感じてしまうという問題もある。そのような領域の特徴を踏まえると，上記の捉え方だけでは十分とは言い切れない。さらに言えば，体育授業の部分練習だけで習熟する技能にも限りがある。

　ところで，体育授業においてソフトボールを実施すると，打った後に走ろうとしない，強く遠くに打つことだけをねらう，捕球してもどこに投げればよいかわからないという児童生徒を見ることがよくある。このような児童生徒は，ベースボール型の特徴である「ボールを持つ人とボールを持たない人のどちらがベースに先に辿り着けるかを巡って競う」という中心的な課題（メインゲーム）が十分にはわかっていない可能性がある。そこで，その実態をそのまま習熟度と捉えて，たとえ児童生徒が現状の技能レベルであっても，中心的な課題へ挑戦しているということがわかりやすいようなゲームを初期段階に取り入れ，徐々にルールを付け足すという段階的な学習過程を提案してみたい。

　具体的には，投手はおらず，打者は打つ代わりに自らがセーフになるための箇所にボールを狙って投げてからベースへ走るというゲームを位置づけた学習過程である。このような学習過程は小学校体育を中心として「バットレスベースボール」[4]と呼ばれ，すでに多くの実践が挙げられている。しかし，大切なのはこのような教材の考え方であるため，学習者の状況に合わせ上手に用いてもらいたい。この教材では，投手と打者による「打てるかどうか」「打たれないかどうか」というサブゲームが省略されたゲームになっており[4]，これによって打者は出塁や進塁のために打つ場所や打球を考え，守備はボールを走者よりも先にベースに送るための守備の仕

方や位置を考えながらゲームをプレーすることができる（**図1**）。何より
も打者は強く遠くに打つことだけがベースボール型に必要なスキルではな
いことに気づくので，放たれた打球に伴う大きな怪我のリスクを低減させ
ることにもつながっていく。

　さらに，フェアゾーンを少し狭くして守備の人数が少なくなるような工

図1　ねらって打つ（バットレスベースボール）

図2　フェアゾーンと守備人数の変更

夫を加えれば，最初から決められた守備位置につくよりも，相手より先に
ボールをベースに送るために今この場所を守っているということが実感し
やすい（**図2**）。このようなゲームを繰り返し経験するうちに，このゲー
ムではどこにどんな打球が放たれやすいのか，誰がどんな打球を狙うか，
それがなぜなのか等をしっかり考えながらプレーできるようになる。

　こうしたメインゲームに対する戦略やスキルを十分に試行錯誤させてか
ら，さらに難しく面白くするためにバットで打ってみる，少し固いボール
とグローブを使用してみるなどのルールを追加するように学習過程を組む
ことでルールの意味がよりわかるようになるだろう。さらに，怪我をしな
いで楽しむためにルールがあることにも気づけるため，怪我のリスクを大
きく低減させることができる。

　こうしたゲームは，小学校で経験させる内容であり，中学校や高等学校
で経験させるには簡易化しすぎだと思われる方も少なくないだろう。しか
し，シンプルなゲームであっても長年培われてきたベースボール型のゲー
ムを簡易化しただけなので，発揮する戦略やスキルは多分に広がっている。
怪我のリスクが高いのは中学校や高等学校であるため，まずは本書に学ぶ
皆さんから安全かつ学び豊かな体育授業を目指して，このような学習過程
を取り入れてみてはいかがだろうか。

3 球技「ベースボール型」における安全管理

（1）用具・施設をマネジメントする

　この領域で使用する用具・施設に関しての，教員による日常的な点検事
項について示せば，以下のとおりである。

- ・ボール…ひび割れやへこみがないか，劣化して硬さが変化していない
か。
- ・バット…ひび割れやへこみがないか，グリップテープが剥がれていな
いか。
- ・グローブ…破れていないか，紐が緩んだり切れたりしていないか，紐
が長すぎて人に引っかかる恐れがないか。

- ・ヘルメット…損傷がないか。
- ・防護マスク…ひび割れやへこみがないか，使用するボールがマスクの間をすり抜けないか。
- ・グラウンド…凹凸のない状態が保たれているか，整備に必要な用具は揃えられているか。
- ・防球ネット…穴や支柱との間に隙間がないか，突風で倒れる恐れはないか。

これらは，教員が責任をもって点検する事項ではあるが，豊かなスポーツライフを実施するための資質・能力を育てるという観点からは児童生徒らが取り組むことで大切な学習活動になり得る[*5]。たとえば，準備運動の一環にしたり，委員会や当番という役割を活用したりして，確認させるとよい。また，直接的に身につける用具については衛生面での配慮も必要である。プレーしたり身体を守ったりする機能は果たしていても，汚れがあまりにもひどいと児童生徒らが着用することに戸惑ってしまう場合もある。保管場所も含めてなるべく清潔な状態が保てるよう管理すべきである。

（2）学習活動をマネジメントする

すでに留意する観点や学習環境，学習過程のデザインを示してきたので，ここでは，それらを考慮した上でもなお怪我が生じる恐れのある2つの活動とそれに対する留意点を紹介する。

①捕球動作

大事に捕球しよう，捕球してすぐに送球しようとすると，グローブと送球する手を一緒に打球に近づけてしまうことがある（**図3左**）。その結果，送球する手の指を突き指や骨折してしまうことがある。まずはグローブで捕球するよう注意を促すことが大切である（**図3右**）。

②ベース付近の接触

基本的に守備側の人は走者の妨害をしてはならないし，走者側も守備の妨害をしてはならない（**図4**）。ベース付近では走者がセーフになろうとトップスピードで走ってくるため，守備側との衝突の危険性が非常に高い。守備側が踏むベースと走者側が踏むベースをあらかじめ用意し

ておくことも1つであるが，いずれにしても走者の走り抜けるスペース
は必ず開けるように指導しておくと良い。

図3　両手でボールを捕球することによる手指の負傷のリスク

図4　ベース付近でも走者が駆け抜けるスペースを必ず開ける

（白石　翔）

注

* 1　本章におけるベースボール型の共通点は，松田（2018）が提示する「ボールがベースに転送されるまでに，自分が進塁することができるかどうか」を「運動の特性」として捉える観点も参考にしながら提示している。

* 2　このような考え方は，「ルールとは，辿り着きたいゴールを辿り着きにくくするが，それ故に楽しく，面白いものになる」という柏原（2021）の議論に依拠したものである。

* 3　ゲームを実施すると言っても指導者にとっての「ねらい」や学習者にとっての「めあて」のない学習活動は，「這い回る経験主義」と言われて批判されてきた。本章で実施してほしいと述べるゲームは，「ねらい」「めあて」が熟考されているものである。どのように設定すればよいかに関わる内容は，本章の2（2）でも一部触れているが，詳しくは引用・参考文献に提示する書籍を参考にされたい。

* 4　このような考え方は，柏原（2020）の「野球にはメインゲームに対して多くのサブゲームがある」という議論の「メインゲーム」に，松田（2018）の「運動の特性」を参考とする「ボールを持つ人とボールを持たない人のどちらがベースに先に辿り着けるかを巡って競う」という筆者の考える特性をあてたものである。

* 5　学習内容として重要ということであり，点検を委ねるという意味ではないので注意していただきたい。

引用・参考文献

1）柏原全孝（2021）スポーツが愛するテクノロジー．世界思想社．

2）日本体育施設協会施設用器具部会編（2013）事故防止のためのスポーツ器具の正しい使い方と安全点検の手引き〔改訂第3版（増補第2刷）〕．体育施設出版．

3）松田恵示（2016）「遊び」から考える体育の学習指導．創文企画．

4）松田恵示・鈴木聡・眞砂野裕（2019）子どもが喜ぶ体育授業レシピ．教育出版．

5）文部科学省（2018）中学校学習指導要領（平成29年告示）．

6）白石翔（2022）発問とその先の「合意形成」までを見通す：「動き」のコンセンサスから「問い」のアコモデーションへ．体育科教育2022年5月号．大修館書店．

球技「ベースボール型」の
安全チェックリスト

単元開始前

- [ ] 教員は，球技「ベースボール型」に関する学習目標，学習内容，教材特性を理解している
- [ ] 教員は，球技「ベースボール型」における事故の実態や傾向について理解している
- [ ] 教員は，球技「ベースボール型」の指導に関する注意義務について理解している
- [ ] 教員は，事前に把握できる児童生徒の健康，体力，技能の状態について把握している
- [ ] 教員は，球技「ベースボール型」の系統性や段階的な学習方法について理解し，学習活動を計画している
- [ ] 教員は，用具・施設について安全点検を実施している
- [ ] 教員は，緊急時の対応について理解している

毎授業時

- [ ] 教員は，児童生徒の健康状態を確認している
- [ ] 教員は，本時の学習目標，学習内容を説明し，児童生徒は，それらを理解している
- [ ] 教員は，授業におけるルールを説明し，児童生徒は，それを遵守している
- [ ] 教員は，ルールの確認等，学習環境に関する危険を説明し，児童生徒は，それらを理解し，自ら危険を予測・回避し，安全な環境をつくっている
- [ ] 教員は，用具・施設の適切な使用方法について説明し，児童生徒は，それらを適切に使用している
- [ ] 教員は，球技「ベースボール型」の系統性や段階的な学習方法について説明し，児童生徒は，それらを理解し，自身の習熟度に応じた活動を実施している
- [ ] 教員は，審判の安全な方法について説明し，児童生徒は，それらを理解し，適切に実施している

体育授業において予期せぬ事故に遭遇すると，恐怖や衝撃から，児童生徒の心身にストレス反応が生じることがある。こうした反応は，程度の差はあれ誰にでも起こり得るが，大半は時間の経過とともに自然に回復していく。しかし，場合によっては症状が長引き，その後の成長や発達に大きな障害となることもある。そのため，事故に遭遇した児童生徒には，できる限り早い段階で適切な心のケアを行うことが求められる。また，その後の体育授業での学習に対するサポートも重要である。

1　事故発生後の心のケア

事故発生後には，情緒不安定，体調不良，睡眠障害など，心と身体のストレス反応が同時に現れることも多い。中でも中学生・高校生年代では，元気がなくなり引きこもりがちになる（うつ状態），些細なことで驚く，夜中に何度も目覚めるなどの症状が現れやすい。これらの症状は，ストレスが強くない場合は数日以内で落ち着くことが多いが，命に関わるような激しいストレスにさらされた場合は，急性ストレス障害（ASD）や外傷後ストレス障害（PTSD）等の疾患に発展することがある。

ストレス症状を示す児童生徒に対しては，普段と変わらない接し方を基本としつつ，優しく穏やかな声かけをするなど安心感を与えることを意識する。また，ストレスを受けた時に何らかの症状が現れるのは普通のことであること，そして次第に回復してくることを伝え，1人で悩んだり孤独感を持たないように，信頼できる人に相談したりコミュニケーションをとることを勧める。深呼吸や漸進的筋弛緩法など手軽にできるストレスマネジメント法を指導するのも有効である。なお，症状が続いた場合は，心身の健康状態に関する質問紙調査票[1]を活用したスクリーニングを実施し，相談機関や

医療機関の紹介・受診指導を行う。

2　事故以降の体育授業でのサポート

　事故や怪我は否定的な情緒を生起し，その情緒を引き起こした対象や環境から遠ざかる回避行動へ発展することが多い。特に，一度怪我をして痛い目や苦しい目に遭うような経験をすると，次に取り組む際に強い恐怖や不安を引き起こすことがある。その場合，「外傷性不安」と呼ばれる強い回避動機が生じ，それは運動嫌いをつくり出す大きな原因にもなり得るため，事故後の運動指導に際しては，児童生徒の情緒的動機への配慮が必要となる。

　たとえば児童生徒が，鉄棒から落下したり，他の人が落下して怪我をする場面を見たりして，鉄棒に恐怖を覚えて実施できなくなった場合，不安や恐怖を喚起する場面に対する否定的な情緒を解消しながら，鉄棒の面白さや頑張ってできた時の喜び・達成感といった運動学習における有能感を育てることが求められる。そのため，授業の最初には安心できる状況下で教員による補助ありの易しい課題に挑戦させ，慣れてきたら補助なしの状態で実施するなど，少しずつ課題の難易度を上げていくように工夫する。特に強い恐怖を感じている児童生徒に対しては，主観的な不安感について尋ね，最も不安を感じる場面（状況）から比較的感じない場面（状況）まで階層表を作成し，不安の弱い場面から順に「怖いけど，少し頑張ればやってみることができるかもしれない」と思える課題に挑戦させる。それがクリアできたら次に不安を感じる課題に取り組む，という流れで進め，徐々に不安を解消して成功体験を増やしていくように導くことが望ましい。

（崔 回淑）

引用・参考文献

1）富永良喜・高橋哲・吉田隆三（2002）子ども版災害後ストレス反応尺度（PISSC15）の作成と妥当性．発達心理臨床研究8：pp.29-36.

武道の
リスクマネジメント

1 柔道におけるリスクの把握

（1）体育授業における柔道を知る

　体育授業における柔道は，武道の中の1つの種目である。中学校学習指導要領（平成29年告示）解説では，柔道について「相手の動きに応じた基本動作や基本となる技を用いて，投げたり抑えたりするなどの簡易な攻防をすること」を身につけることができるよう指導する領域とされている。生徒は，技を身につけ，身につけた技を用いて相手と攻防する際に，柔道のもつ楽しさや喜びを味わうことができるが，そこには，後述するように一定の危険が内在している。

　中学校学習指導要領解説においても，「単に試合の勝敗を目指すだけではなく」「相手を尊重する礼の考え方から受け身を取りやすいように相手を投げたり」することや，「禁じ技を用いないなど健康・安全に気を配ること」が述べられているように，安全に配慮すること自体が柔道の学習における重要な内容となっている。

　以下では，柔道の授業における事故の現状と教員の注意義務を確認した上で，事故の多い技などを事例として安全教育・安全管理について述べる。

（2）柔道におけるリスクを分析する

　日本スポーツ振興センターの「学校の管理下の災害〔令和2年版〕」では，柔道に関する負傷・疾病は，次のとおり報告されている[*1]。

　【中学校】運動種目別の負傷・疾病の合計は，223,527件であり，武道に関するものは，11,128件（約5％）である。その内訳は，柔道が7,269件，剣道が3,323件，空手が329件，相撲が207件等であり，柔道によるものが顕著に多い。また，柔道について負傷の部位別で見ると，下肢部（2,754件），体幹部（1,958件），上肢部（1,664件），頭部（567件），顔部（313件）の順に多く，負傷の種類は，捻挫（2,542件），挫傷・打撲（1,964件），骨折（1,721件）の順に多い。

　【高等学校等】運動種目別の負傷・疾病の合計は，202,331件であり，武道に関するものは，10,399件（約5％）である。その内訳は，柔

道が 5,483 件，剣道が 1,914 件，空手が 1,045 件，レスリングが 563
件等である。柔道について負傷の部位別で見ると，下肢部（2,324 件），
体幹部（1,397 件），上肢部（1,160 件），頭部（324 件），顔部（262 件）
の順に多く，負傷の種類は，挫傷・打撲（2,862 件），捻挫（2,289 件），
骨折（2,275 件）の順に多い。

　以上より，中学校・高等学校ともに武道の中では柔道での負傷が多く，
負傷の部位別では下肢部，体幹部，上肢部，頭部，顔部の順に多く，負傷
の種類としては捻挫，挫傷・打撲，骨折が多いという結果であった。

　また，体育授業における柔道に関する死亡・障害事故について見れば，
平成 17 年度から令和元年度までの間に死亡事故 2 件，障害事故 32 件が
発生している[1]。このうち死亡事故は，高校 2 年生男子が相手生徒に足技
で腰から倒され，横四方固めで押さえ込まれた際，抜け出そうと数秒間試
みたが，そのまま動かなくなって死亡した事例が 1 件であり，もう 1 件は，
中枢神経系突然死であった。

　他方で，障害事故 32 件の内訳は，投技 18 件（払い腰 1 件，足払い 2 件，
背負い投げ 2 件，巴投げ 2 件，投げの形 1 件，大内刈 1 件，その他 9 件），
受け身 6 件，固め技 4 件（絞め技 1 件，その他 3 件），その他 4 件であり，
部位別では上肢部 13 件，顔部 7 件，頭部 5 件，体幹部 4 件，下肢部 1 件，
その他 2 件である。投技によって，上肢部から頭部にかけて重大な事故が
発生することが多い。特に，頭部に関しては，技を掛けられた際に受け身
が上手くできなかった場合だけでなく，技を掛けられた瞬間に上半身から
一気に加速した状態で畳に落とされる過程において，すでに脳への衝撃が
生じてしまうこともある。

（3）柔道における教員の注意義務を理解する

　体育授業の柔道における事故に関する裁判例から，教員の注意義務を確
認する[2]。

判例 1 ▷ 教員が注意義務を怠ったとされた例
・概要

中学３年生の男子生徒が柔道の授業中に教員の指示により柔道部員の生徒から大内刈を掛けられ，受け身に失敗して後頭部を強打し，意識不明となった（松山地裁／判決 平成５年12月８日）。

・**裁判所の判断**

担当教員は，被害生徒は運動が不得意であり，かつ，柔道の初心者で受け身をするのが未熟であると認識していた。それにもかかわらず，受け身をできなければ頭を打つ危険性のある大内刈を教員が柔道部員に掛けさせたことは適切でないとして，裁判所は過失を認定した。

本事件では，教員は，プリントを配布し，受け身の練習を複数回行わせるなど，授業計画上の一定の注意を払っていた。しかし，練習を行ったとはいえ，受け身が未熟な段階で実践的な受け身の練習に移行したことに問題があった。また，裁判所は，初心者に対して受け身などを指導する場合に適切な技と適切でない技があるとしている。具体的には，大内刈などの後方に相手方が倒れる技は後頭部を打つ危険性があるため，受け身のしやすい膝車，大腰等が適当であるとされる。授業時間の限りがあるとはいえ，無理に進めずに生徒の運動能力や技能を把握しながら，学習活動を進めていく必要がある。

2 柔道における安全教育

（１）安全な学習環境をデザインする

中学校における武道の必修化に伴い，武道が専門ではない教員が，多くの生徒の指導にあたらなければならない現状にある。中でも柔道については，部活動中に重大事故が多く発生していることから，怪我につながりやすい動作が内在する種目と言える。そのため，授業中の安全の実現のために，教員には危険を予見し，それを回避するために生徒等の行動を常時監視し，適切な指示を与えることが求められる。併せて，生徒等が自ら危険を予測・回避し，安全な環境をつくっていくことが必要である。

では，実際に柔道の学習環境にはどのような危険が想定されるだろうか。図1を題材に内在する危険およびそれを回避するための対策について考えてほしい。

　ここで想定される危険とその対策を列挙すれば，以下のとおりである。

①周囲の生徒と接触する可能性

　　投技の練習を実施した際に，生徒同士の接触の恐れがある。まず，取（技を掛ける人）をする生徒の列を決めて，生徒が受（技を受ける人）と取を交替する際には，場所も入れ替えさせる必要がある。また，生徒Aが投技を仕掛け，生徒Bが投げられている場面であるが，このまま投げられて受け身を取れば横のペアと接触する恐れがある。そのため，可能であれば畳2枚分の間隔を空けた上で，同じ方向を向かせて列を揃える必要がある。

　　さらに，注意すべき対象は投技の練習を実施している生徒だけではない。周りで順番を待つ際や見て学ぶために複数の生徒が座っているが，膝を立てている生徒の方向へ大きく投技を掛けてしまった場合には，投げられる側の生徒との危険な接触の恐れがある。柔道の授業中には，膝を立てて座らないことや，座って待機させる場合は，その場所の指示を適切に行う必要があるだろう。

②生徒がバランスを崩して投げる位置がずれた場合，物へ衝突する恐れ

　　生徒Cが投技を実施しようとしているが，そのすぐそばには荷物が無

図1　柔道の授業の様子

造作に置かれている。技の実施に失敗した場合についても想定し，周囲の環境を整えておく必要がある。特に授業実施場所が狭い場合には，荷物の置き場所等の工夫も必要であろう。

③畳の隙間や段差がある場所で，生徒が足をとられる恐れ

柔道場には畳が敷き詰められているが，激しい動きや長年の使用によって徐々に畳に隙間や段差ができやすくなる。その状態では，足の指や足首を負傷する恐れがある。畳の状態はほとんどが目視で確認できることから，授業実施前には実施場所全体の畳の状況を確認することが必要である。しかし，実施場所が広い場合には，準備運動などの前に生徒自身にそれぞれ周囲を確認させることも大切であろう。

以上は，あくまでも一部の例に過ぎない。この他にも，相手と組み合う際に顔や道衣で覆われていない部分を負傷することや，畳の隙間に足が挟まり足の爪が剥がれてしまうことのないように手足の爪を切っておくなど，事前の指導も必要であろう。また，**図1**に内在する危険およびそれを回避するための対策としては，生徒が投技に入った後の動きまで想定して，受の身体が畳の外に出ることで硬い床に身体を強打することがないようにする等，広い視野と予測を通じて注意すべき点は多岐にわたる。教員による安全管理によって，これらの危険を排除することが当然求められるが，生徒自身が柔道という種目の特性を理解した上で，これらの危険を予測・回避し，安全な学習環境をつくり，自らの身を守ることができるように指導することが重要である。

（2）安全な学習過程をデザインする

①「受け身」の留意点

受け身は，柔道の学習過程において重要視され，授業の始めに学習することが必須である。また，基本的な動作ではあるが，正しく身につけるためには段階的な練習が必要である。ただし，受け身の練習中の傷害事故として頭部から上半身にかけての怪我（頭部打撲や頸椎損傷など）が多く報告されていることから，段階的な練習の際にも，陥りやすい状

態や危険を把握し，生徒の理解につながる説明と正しい動作のわかりやすい教授ができなければ，事故につながる可能性がある。ここでは，受け身に焦点を当て，段階的な学習や初心者が陥りやすい状況など実施上の留意点を中心に説明したい。

　投技を受ける際に最も汎用されるのは前回り受け身であり，その習得にあたってまずは横受け身を練習することが多い。図2〜4に，投技における受け身の失敗例を示す。

　図2では，手のひらおよび左腕全体で畳を弾くようにして叩いて肘からついてしまっており，衝撃を分散できていない。横受け身の練習は中腰等かがんだ状態（低い体勢）から行うことが多いため，重大な怪我にはつながらないと考えられるが，生徒の体力や筋力等の状態によっては肘や肩を負傷する恐れがある。次に，図3では，左腕が広がりすぎて体幹部と腕が離れているため，身体を衝撃から守る受け身に至ることができていない。そのため身体の側面を強打したり，肘や肩の角度が可動域を超えてしまったりする可能性がある。最後に，図4では，本来は頭を守るために顔をやや左後ろに向けて頭を逃すような体勢となって前転するところ，頭が過度にまっすぐになり畳に突っ込むような体勢となっている。このような前回り受け身は，頭部や頸椎を痛めるような角度で回転する危険性がある。受け身は，事故防止のための基本であるが，日常では経験していない動作であるため，対象者にとっては容易なものではなく，適切な説明と段階的な練習により正しい動作を身につけさせることの重要性を十分に認識しておくことが必要である。

　さらに，投技の指導へ移る段階では，崩しや体さばきをはじめとする技の構造を理解させるとともに，その技に適した受け身を身につけさせるために，投技と結びつけて多様な場面に対応できる受け身を練習させることも大切になってくる。受け身の十分な習得に時間を要する生徒が多い場合には，約束練習や乱取り（試合）までの学習計画を変更する判断も必要であろう。

図2 肘をつく（横受け身）

図3 腕が広がりすぎる（横受け身）

図4 頭部の角度をコントロールできていない（前回り受け身）

②「払い腰」と「背負い投げ」の留意点

　柔道の指導を行う場合，頭を打たない，打たせないことが非常に重要であるとともに，投げられ方を注視する必要があるため，対象生徒に応じた技の選択も重要となる。ここでは，柔道において傷害事故が複数件発生している払い腰と背負い投げについて，怪我に至った場面を例に，実施上の留意点を中心に説明したい。

　まず，障害に至った柔道事故の事例[1]を見ると怪我につながりやすい動作の1つとして，技を掛ける自分自身の身体と相手の身体を適切にコントロールできず，両者が崩れ落ちてしまう状況が挙げられる。図5では，取（左）が背負い投げを掛けているが，上体が密着せずに，頭が下がっている。このまま背負い投げを継続すれば，前傾しすぎた状態で両者が倒れ込む可能性が高い。また，この状況では，受（右）は畳に頭から突っ込むようにして落ちる恐れがあり，頭部や頚部の負傷につながりかねない。これらを防ぐためには，取が自分の背中を受の胸に密着させ，腰ではなく膝を曲げて腰の高さを調整するように技の指導を行う必要がある。その際に，姿勢の良さがポイントであることを伝えるために，技に入った時の目線の位置を具体的に示すことも重要であろう。次に，図6では，払い腰を掛けているが，取は頭が下がり腰も低くなりすぎて

図5 背負い投げの危険な崩れ方

図6 払い腰の危険な崩れ方

いる。このまま受を投げようと継続すれば，同体で倒れこむ可能性が高い。この状況では，受が受け身をとるタイミングがないまま畳に落とされる恐れがあり，背中や頭部を強打し重大な怪我につながりかねない。取は，膝を使って受の腰の高さに合わせて適度に腰を下げて技を掛ける必要がある。

　他にも，技を掛けた際に取が引き手（相手の袖を持つ手）を最後までコントロールせずに，離してしまうことが怪我につながりやすい場面として挙げられる。**図7**，**図8**のように，取（下）が引き手を離してしまうと，受（上）の右手が自由になり，受は自然と身を守ろうとして手をつき，手首から肩にかけて負傷する恐れがある。取には，最後まで引き手をコントロールし，受が受け身を取り終えるまで引き手を離さないことを十分に指導した上で，投技の実施をしなければならない。引き手を離すことで，受がどのような状況になり，怪我に至る恐れがあるのかといった具体的なイメージができるような説明を行うことも重要となる。

　以上のように，いくつかの受け身や技だけを取り上げても，様々な場合が想定され，留意すべき事項も多岐にわたる。このような留意点も含めて，生徒に対して段階的な学習を通して適切に指導していく必要がある。また，伝統的な考え方では，武道は，単に試合の勝敗を目指すだけ

図7　引き手を離す（背負い投げ）

図8　引き手を離す（払い腰）

ではなく，技能の習得などを通して人間形成を図るという考え方があることを理解できるようにする。たとえば，相手を尊重する礼の考え方から受け身を取りやすいように投げたり，勝敗が決まった後も相手に配慮して感情の表出を抑えたりするなどの考え方があることを理解できるようにする。生徒自身が段階的な学習や柔道特有の動作を理解することは，武道の「相手を尊重する礼の考え方」[1] などの学習目標につながっていくだろう。

3 柔道における安全管理

（1）施設をマネジメントする

　柔道をする場合，畳や壁などに危険物がないか，畳のずれがないかなど，活動場所周辺に対する留意は特に重要である。

　さらに，柔道の授業実施場所の床構造についても把握しておく必要があろう。大学の柔道場などは，畳下の床構造の弾性がクッション性に優れている場合が多いが，中学校や高等学校の体育館や武道場では，そのような床構造ではない可能性が高い。クッション性が高い柔道場では投げられた衝撃は吸収されやすいが，クッション性の低い柔道場では，同じように投げられたとしても，身体により強い衝撃がかかりやすい。そのため，投げ込みマットを用いたりするなどしてクッション性を高め，衝撃を緩和することが望ましい。また，体育館に畳を敷く場合，授業を進めていく中で畳がずれていく可能性があるため，滑り止めシートや型枠などを用意したり，重大事故を想定し，AED を設置したりすることも必要であろう。

（2）学習活動をマネジメントする

　柔道においては，健康状態や体力，技の習熟度等について，対象生徒における個々の状態と全体の平均的な状態を適切に把握することが重要となる。その上で，同じ柔道の授業を計画するにあたっても，対象とする生徒の状態によって柔軟に変更や工夫をすることが必要となる。特に初学者である中学1年や高校1年時，あるいは女子生徒には十分に注意を払い，段

階的な指導を適切に行っていかなければならない。それは，体力面に加えて，柔道における事故に柔道の技や運動様式に内在する要因が大きく関わっているからである。具体的には，相手を投げ，抑え込み，締め，関節を挫いて制する技そのものやその技を用いた攻防一体の運動様式等であり，それらの習熟が十分でないことが事故の要因となり得るということである。全体の平均的な状態を見極めた上で学習計画を立て，その中でも個々の違いを把握し，能力差だけではなく体格差にも注意し，同程度の相手と組ませた上で学習を進めていく必要がある。

　最後に，初学者に対しての指導は，どんなに危険が少ない技を取り入れたとしても，受ける側の受け身などの指導以上に，投技を施す側の指導が重要であると言える。前述のとおり，相手を尊重する礼の考え方を踏まえ受け身を取りやすいように投げることを，初学者へは特に理解させる必要があるだろう。そのためには，投げる際に，受ける側にはどんな危険があるのかを具体的に理解させ，そこで具体的に何をしなければならないのかを示す必要がある。たとえば，引き手を絶対に離さないようにし，相手の身体を守るための動作をわかりやすく手本として見せることなどである。相手を思いやる心が，技の習得や上達していく上でも何よりも大切であることを初学者へ伝えることは，事故防止に大いに役立つと言える。

（矢野 智彦・片桐 夏海）

注

＊1　ここでの「柔道に関する負傷・疾病」は，同資料において運動種目別「柔道」として分類されたものを指している。なお，運動部活動における負傷・疾病は，別に集計されているので，ここには含まれていない。

引用・参考文献

1）日本スポーツ振興センター．学校事故事例検索データベース．
　　https://www.jpnsport.go.jp/anzen/Default.aspx?TabId=822　（2022年3月7日閲覧）
2）小笠原正他編著（2009）スポーツのリスクマネジメント．p.134．ぎょうせい．
3）本村清人編著（2003）新しい柔道の授業づくり．大修館書店．

4）魚住孝至他編著（2009）武道論集Ⅱ　中学校保健体育における武道の指導法 ―武道の必修化を踏まえて―．国際武道大学付属武道スポーツ科学研究所．

5）文部科学省（2018）中学校学習指導要領（平成29年告示）．p.115．東山書房．

6）野瀬清喜他編著（2020）柔道の安全指導　柔道の未来のために．公益財団法人全日本柔道連盟．

柔道の 安全チェックリスト

単元開始前

- ☐ 教員は，柔道に関する学習目標，学習内容，教材特性を理解している
- ☐ 教員は，柔道における事故の実態や傾向について把握している
- ☐ 教員は，柔道の指導に関する注意義務について理解している
- ☐ 教員は，事前に生徒の健康，体力，技能の状態について把握している
- ☐ 教員は，技の系統性や段階的な学習方法について理解し，学習活動を計画している
- ☐ 教員は，授業実施場所の安全点検を行っている
- ☐ 教員は，緊急時の対応について理解している

毎授業時

- ☐ 教員は，生徒の健康状態を確認している
- ☐ 教員は，本時の学習目標，学習内容を説明し，生徒は，それらを理解している
- ☐ 教員は，授業におけるルールや柔道の特徴でもある礼節を重んじることを説明し，生徒は，それを理解した上で遵守している
- ☐ 教員は，道場内の状態や荷物の配置等，学習環境に関する危険を説明し，生徒はそれを理解し，自ら危険を予測・回避し，安全な環境をつくっている
- ☐ 教員は，技の系統性や段階的な学習方法について説明し，生徒は，それらを理解し，自身の習熟度に応じた技を実施している
- ☐ 教員は，生徒全員を視界に入れ，異変に気づける状態になっている

コラム9
捻挫・骨折の応急手当

　スポーツ活動中や体育授業中の怪我を放置すると，身体に機能障害が残ったり，日常生活での不自由さやスポーツでのパフォーマンス低下につながったりするため，怪我をした際には直後の適切な対処が重要である。本コラムでは，体育授業中に発生率が高い捻挫・骨折の応急手当について述べる。

1　捻挫・骨折の特徴とチェックポイント

　捻挫は，関節が生理的な範囲を超えて運動が強制された場合に，関節包や靭帯の一部が損傷された状態のことである。関節は動かせるものの痛みがあることが特徴であり，損傷レベルにより軽度，中等度，重度に分けることができる。受傷部位は足関節（足首）が多く，軽度では少し痛みがあるが歩くことは可能で，中等度以上では荷重することが困難となる。そのため，荷重できるかどうかが損傷レベルをおおよそ判断する指標となる。足関節捻挫を例に現場での判断材料を挙げると，両足で立てるか，負傷した部位を自分で動かせるか，つま先を下げないように常に足首を曲げた状態にしているかなどが考えられる。ただし，痛みの感じ方には個人差があるため，痛みに敏感な人はこれらにあてはまらないこともある。

　骨折は，転倒，転落，追突などによって起こりやすく，骨の連続性が断たれた状態である。関節とは明らかに違う部分に可動性がある（異常可動性），健康な側と比べて外観が変形している（転位と変形），骨と骨のこすれる音（軋轢音）が生じるなどの症状が認められる場合には骨折を疑う必要がある。また，骨折は捻挫よりも痛みが著明なことが多いため，受傷部位を押した際にその手を払いのけようと逃げる動作（逃避動作）がみられることが多い（ただし，重度の捻挫でもみられる可能性がある）。骨には造血作用があるため，骨折が生じると，内出血による腫れが捻挫と比べてすぐに出現

することも特徴である。もしこれらの症状が認められた場合は，応急手当後に速やかに医師に診てもらうなどの対応を行う。

2 捻挫・骨折が疑われる場合の対応

　体育授業中の怪我で捻挫や骨折を疑った場合には，すべての怪我に共通した初期対応として RICE 処置（**図1**）を行う。また，皮膚が傷つき皮下内部が露出している状態で骨が飛び出しているような骨折は複雑骨折（開放性骨折）と呼ばれ，大量の出血や感染の恐れがあるため，速やかに救急車を要請し，きれいなタオルでの止血を優先して行い，救急隊員が来るまで RICE 処置にて対応することが望ましい。

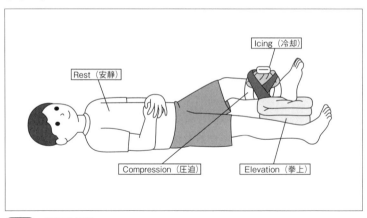

図1　RICE 処置

（坂本 賢広・飯出 一秀）

引用・参考文献

1）松野丈夫・中村利孝総編集（2014）標準整形外科学 第12版．医学書院．
2）岩本幸英編（2013）神中整形外科学 上巻 改訂23版．南山堂．
3）公益財団法人全日本空手道連盟（2015）空手道教範．第6章 空手道における外傷・障害の予防と応急処置．

1 剣道におけるリスクの把握

（1）体育授業における剣道を知る

　江戸時代中期に，現在の剣道用具の元祖となる防具が開発され，竹刀を用いた稽古方法（竹刀打ち込み稽古）が実践されるようになったとされている。明治44年には中等学校における正科として撃剣が採用され，大正8年には，これまで剣術や撃剣と呼ばれていたものを「剣道」と変更している。戦後，GHQの指令により剣道の実施は禁止されたが，昭和27年には実施が認められ，昭和32年からは「学校剣道」として中学校・高等学校で実施可能となった。

　昭和33年の中学校学習指導要領では学校教育の「格技」としての記載がなされ，平成元年には「武道」という表記に変更となった。平成24年には中学校で武道必修化となり，第1，2学年が必ず武道を行うようになった。学習指導要領には，相手を尊重し，伝統的な行動の仕方を守るといった記載があるが，上述したような剣道の歴史を学ぶことで一人ひとりが日本の伝統文化を継承していることを理解することが必要ではなかろうか。

　中学校学習指導要領によれば剣道において身につけるべき内容は，「相手の動きに応じた基本動作や基本となる技を用いて，打ったり受けたりするなどの簡易的な攻防をすること」と記載されている。簡易的な攻防とは，自由稽古においての攻防であり，自ずとある程度素早く激しい打ち合いが展開されるであろう。

　剣道には2つの稽古方法が存在する。剣道防具を着用しない日本剣道形や木刀による剣道基本技稽古法と，防具を着用した竹刀打ち込み稽古の2つである。日本剣道形や木刀による剣道基本技稽古は，相手の有効打突部位を「打突」することはなく，基本的には空間打突である。他方で，竹刀打ち込み稽古は，面・小手・胴・垂といった防具を着用して相手と素早く激しく打ち合う稽古の総称である。

（2）剣道におけるリスクを分析する

　「学校の管理下の災害〔令和3年版〕」によれば，体育授業における剣道

による負傷・疾病は，中学校で1,997件（負傷1,731件，疾病266件）である。その内訳は，種類別では，挫傷・打撲（632件），骨折（609件），捻挫（345件）の順に多い。部位別では，足・足指部（661件），足関節（221件），手・手指部（197件），手関節（113件），眼部（105件）の順に多い。

　剣道における負傷は打突によるものが多いと考えられるが，上記のように足部の負傷も多いことが確認できる。これは，裸足で地面を蹴り身体を勢いよく前に動かす動作や，打突時に足部を強く踏み込む動作があるためであることが考えられる。また，眼部の負傷も多いことが確認できる。眼部の傷害は，視力低下や失明につながる恐れがあることから特に注意を要する。

　また，「学校事故事例検索データベース」によれば，体育授業における剣道による死亡・障害は2件である（平成17年度〜令和2年度）。その発生状況によれば，「竹刀への打突を受けた時，反動で本生徒の竹刀が右耳に当たった」ことや「体育館で剣道の素振りの練習をしていたところ，他の生徒の竹刀が頭部及び顔面に当たった」ことが障害の原因となっている。

　その他に，筆者の指導経験によれば，アキレス腱断裂も多く見られる。これは剣道の動作特性である，右足が前で左足が後ろの中段の構えから，勢いよく左足を蹴る動作によって全身を前に進めて打突をすることによ

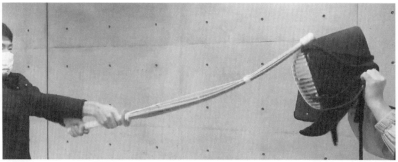

図1 **面打ち打突の瞬間**
面の打突の瞬間は竹刀が大きく曲がるほど衝撃があり，これらの蓄積でささくれや割れが生じる。

り，アキレス腱に大きなストレスがかかることが原因であると考えられる。

（3）剣道における教員の注意義務を理解する

ここでは，実際に学校教育現場で発生した剣道に関する事故の裁判例を挙げる。

判例1 ▷ **教員に過失が認められたケース①**

・概要

市立中学校剣道部の活動中に，当時仮入部中の生徒が剣道では行わないバットの素振りのように横に振った竹刀が，他の生徒の右眼部分に当たり，右眼視力低下等の障害を負った（仙台高裁／判決 平成20年3月21日）。

・当時の状況

上級生が指導にあたっていたが，仮入部員と正部員では，剣道における危険な行為に対しての認識の差があったことや，それに対して仮入部員に明確な指導（竹刀を正しく扱い，遊びに使わない等）を行っていたかが不明瞭であり，素振りという比較的低強度の稽古とはいえ，竹刀を扱うことを考えると間隔をさらに空ける必要があったとして教員に過失が認められた。

判例2 ▷ **教員に過失が認められたケース②**

・概要

中学校剣道部活動において，生徒が竹刀を用いてホッケー遊びを行っている最中に竹刀が手から離れてしまい，他の生徒の左眼に直撃して失明をした（大阪高裁／判決 平成10年5月12日）。

・当時の状況

顧問は中庭にて素振りの稽古を行うよう生徒に伝えたが，一部の生徒は中庭に直行せず，竹刀をスティック，鍔（つば）をパック代わりとしたホッケー遊びを始めた。竹刀や各自の防具は施錠されていない箇所に収納されており，その管理も生徒が自主的に行

うようになっていたこと，顧問は会議などにより通常練習の際に
最初から顔を出すことが少なかったこと，ホッケー遊びに関して
は認知していなかったが，生徒の危険予知能力の未熟さを考え厳
重な指導ができていなかったことを含め，顧問教員に過失があっ
たと認められた。

判例3 ▷ **教員に過失が認められなかったケース**

・**概要**

市立中学校の体育の正課としての剣道授業中に，同級生の竹刀の
折れた先が生徒の目に突き刺さり失明した（名古屋地裁／判決
昭和63年12月5日）。

・**当時の状況**

生徒が竹刀を用いて相手と打ち合いを行っていた際の事故である
が，教員は，常に竹刀や防具のチェックを行わせており，事故当
日も生徒に竹刀の割れがないかチェックをさせていたため，防ぎ
ようのなかった事故として教員に過失は認められないとされた。

　上記の内容を踏まえると，教員が日頃より竹刀や防具のチェックや竹刀
を扱う際に間隔を空けるなどの留意点について生徒に指導していること，
教員が現場に滞在し，竹刀の不適切な使用など事故が起こりそうな場面で
細かな指導を行っていることが大切であると分析できる。

2 剣道における安全教育

（1）安全な学習環境をデザインする

　剣道の授業において安全な学習環境を整えるためには，まず，竹刀や剣
道具の扱いが重要になる。なお，以下の記述は，山渋武道具店（岡山県岡
山市中区）の有宗豊氏からヒアリングした内容も踏まえている。

①竹刀について

　剣道の授業において最も危険視されるのは，前述した竹刀にまつわる

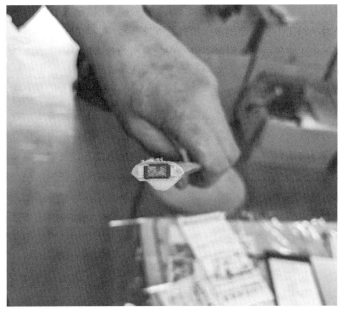

図2 カーボン竹刀の断面図
中心に木材があり，その周りを囲む黒い物体がカーボンである。その
周りは樹脂でコーティングされている。

事故であろう。竹刀は，基本的に天然の竹を使用したものが主流である
が，現在の学校教育現場では「カーボン竹刀」（**図2**）が主流である。カー
ボン竹刀とは，竹刀打ち込み稽古により竹に生じるささくれや割れが原
因の失明などの事故が，日本だけでなく海外でも発生したことを受けて
開発されたものである。開発会社はスキー・スノーボード製品の製造ノ
ウハウを竹刀に活用し，竹刀に用いる弦（つる）を木材に這わせて，そ
の上からカーボンを巻き，樹脂でコーティングしてカーボン竹刀を完成
させた。カーボン竹刀は，竹刀のように度々折れることは滅多になく安
全性が高いので，学校教育における剣道授業では，カーボン竹刀を用い
るべきであると考えられる。

　しかしながら，カーボン竹刀は樹脂が剥がれてカーボンの部分が見え
てきたら交換の時期であり，また，柄や先革などの付属品は消耗品であ

るため，部分的なチェックを怠らないことが求められる。

　また，授業に天然の竹を使用する際は，竹刀の状態を常に確認し，少しでもささくれや割れがある場合は交換をするべきである。打ち込み稽古中にも，生徒に竹刀の破損がないかチェックをさせることが必須であり，生徒も破損の具合がどの程度なのかを知っておくべきであろう。

　以上の事項について，教員は，安全管理として自らこれらのチェックをするだけでなく，生徒に対しても点検方法を指導し，生徒自身がこれらのチェックをできるように指導することが安全教育として重要である。

②剣道具について

　剣道具の修理箇所として多いのは，小手の手の内部分である。手の内に穴が開き，完全に破れてしまうこともあるが，そのまま稽古を続行すれば，本来守られているはずの手指が露出することとなり，露出部を竹刀で打突されると骨折などの怪我が生じる可能性が考えられる。よって生徒には，小手の手の内が破れた際は交換や修理が必要であるということを理解させておかなければならない。

（2）安全な学習過程をデザインする

　中学校1，2学年の武道必修化によって，それまでより多くの生徒が剣道に触れることになっただろう。一方で，中学校で初めて剣道を経験する生徒が多いので，防具の着用方法から丁寧に指導する必要がある。

　防具は，著しくサイズが合わないものを着用すると，稽古中に外れてしまう可能性がある。また，胴の着用においては，適正な高さで着用せず下方に着用してしまうと，脇の空いている面積と喉元の空いている面積が広くなるため危険である。面の着用においては，面を結ぶ紐の位置が上方に位置しすぎると面が不意に外れてしまう可能性がある（面紐の適正な位置は耳あたりである）。教員は，それぞれの防具について適切に着用されているかを確認するとともに，各生徒が適正なサイズの防具を使用し，適切に着用できるように指導することが望ましい。

　また，竹刀を扱う際には，周囲との間隔に十分留意して，他者に竹刀が

接触しないように指導する必要がある。さらに，生徒が一般的な常識や危機管理能力の未熟な年代ということを考えると，剣道防具や竹刀などの物珍しさにより，使用方法を守らずに，言わば悪ふざけとなってしまうリスクも考えるべきであろう。実際に，前述の**判例2**において，竹刀を不適切に使用したために重大な事故が発生している。さらには，これが剣道部員による事故であることから，剣道未経験者が竹刀を悪ふざけに使用することは十分に起こり得ると考えられる。

　剣道の成り立ちを理解させ，剣道の文化性を踏まえて，その用具をどのように扱うのが望ましいのかを，授業前に生徒へ教示することが重要である。また，実際にあった事故等を挙げて剣道の危険性を十分に認知させた上で授業を実施するべきではなかろうか。

３ 剣道における安全管理

（1）用具・施設をマネジメントする

　剣道の授業を行うにあたっては，「剣道具および剣道着・袴などの衛生管理と道場などの環境整備や安全管理にも十分な配慮が必要である」（全日本剣道連盟，2009）。ここでは，一般的な剣道具に起こり得る損傷などを例に挙げ，その対処方法等を記述する。

①竹刀について

a．竹刀のささくれや割れへの対応

　剣道の授業では，カーボン竹刀を使用することが推奨されているが，天然竹の竹刀を使用する際は，竹刀のささくれが目に入るのを予防するための面シールド（**図3**）を着用することが望ましい。これは，竹刀で打突される部位から目のあたりまでが完全に覆われているため，着用すると竹刀の破片が目に入るリスクが減少する。

　しかしながら，面シールドを着用すれば竹刀の点検を行わなくてもよいということではなく，教員は必ず授業前にすべての竹刀を点検し，授業中も竹刀に異変がないかを生徒に確認させることを怠ってはならない。小さなささくれについては，紙やすり等で削ることで修復が可能で

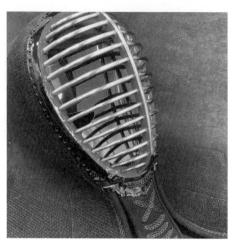

図3 竹刀破片から目を守るための面シールド（出典2より）
右側のシールドを面の内側に装着して使用する。

あるが，大きなものや割れがある場合は交換が必須である。

b. 竹刀付属品について

　竹刀の先端に着用する先革や竹刀全長の3分の1程の箇所に着用する中結，持ち手部分である柄の損傷が多く見られる。損傷が見られた場合は，剣道防具店で修理をすることが可能であるが，先革・中結・柄は個別に販売されているため，教員は各部位の竹刀への装着方法を学び，応急措置ができるようにすることが望まれる。

②剣道防具について

a. 損傷について

　剣道防具に関係する損傷は，小手の手の内部分に多い（**図4**）。小手の手の内は，竹刀の柄との摩擦によって穴が開いてしまうことがあり，そのまま着用していると指が露出し竹刀で打たれて怪我をしてしまう危険性がある。剣道具専門店で修理ができるため，早めの対応が必要である。

　また，近年の小手は，竹刀操作の行いやすさを重視して小手頭の綿の量を減少させているケースがある。もし新たに小手を購入する場合は，

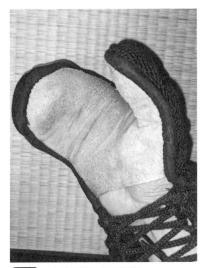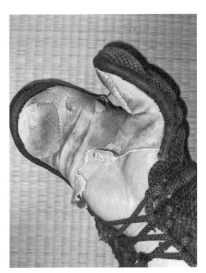

図4 小手の手の内の損傷
左：損傷がない手の内。
右：損傷している手の内。この状態では使用することが不可能である。

小手頭の綿の量に着目して薄いものは避けることも，思わぬ怪我の予防になる。

b．衛生管理について

　近年では，洗える剣道防具が発売されていたり，剣道防具を専門にクリーニングを行う業者が存在していたりするが，基本的には水洗いではなく，強酸性電解水で殺菌することが望ましい。上岡ら（2015）の報告によれば，汚染要素を測る清浄度（Ⅰ〜Ⅸの9段階で数字が大きいほど汚染度が高い）が，剣道の顎当て部分（面を着用する際に顎を載せる部分）でⅦ，小手の内側ではⅣといずれも汚染されていることが明らかとされている。また，田中ら（2006）は，剣道の面から検出される主な3種類の細菌に対して，強酸性電解水を使用することが有用であることを明らかにしている。

　以上のことから，教員は，剣道具の衛生面にも着目し，剣道防具を使用した後は，強酸性電解水を用いて殺菌を行うことが望ましい。また，強酸性電解水の入手が難しい場合，剣道具の使用後に水拭きと天日干し

を行った後，風通しのよい場所に保管することが有用である。教員は，
いずれかの方法で剣道具の管理をし，併せて生徒への指導を行うことが
重要であろう。

③その他

　剣道は，基本的に裸足で稽古を行う。それを踏まえて，剣道の授業を
行う剣道場や体育館には，画鋲や小石などの危険な落下物がないことを
確認しなくてはならない。剣道の授業前には，必ず床のモップ掛けを行
い，教員自ら落下物がないかを目視で確認し，安全を確認してから授業
を実施することが重要である。

（2）学習活動をマネジメントする

　剣道には2つの稽古方法があるが，どちらの方法をどのタイミングで採
用するかは，教員にとって重要なマネジメントである。日本剣道形や木刀
による剣道基本技稽古は，相手の有効打突部位を「打突」することはなく，
基本的には空間打突であるが，竹刀よりも危険度が高い木刀を使用するた
め，以下の点に留意すべきである。

　1．木刀は日本刀を模した形になっており，先端に尖りがあるため，扱
　　い方によっては怪我をする恐れがあり，注意が必要である。

　2．形に関しては空間打突を用いるが，打太刀・仕太刀が呼吸を合わせ
　　て実施しなければならないため，どちらかが手順を間違えると誤っ
　　て打突してしまう危険性がある。特に日本剣道形に関しては，打太
　　刀は有効部位を捉えるように動作を行わなければならない。

　これらの理由から，初心者や未熟練者による学習には特に注意が必要で
ある。現実には，学校教育において木刀を使用して形稽古を行うことは部
活動以外にはあまりないかもしれないが，竹刀で代用して形稽古を行う際
にも，防具を着用しておらず身を守るものがないことを意識した実施が必
要である。

　また，剣道授業においては，ウォーミングアップもポイントとなる。前
述のように，剣道においては，足部の傷害が多く，特にアキレス腱断裂に
注意が必要である。剣道授業を実施する際は，全身のウォーミングアップ

はもちろん，アキレス腱を伸ばす静的ストレッチや腱や腓腹筋の筋温を高める動的ストレッチ（ジョギングやジャンプ，スキップ動作等）を加えることが望ましいであろう。

（浦部 隼希）

引用・参考文献

1）上岡尚代他（2015）学校体育で共用されるスポーツ設備及び用具に付着する菌の状態．了徳寺大学研究紀要9：49-56.

2）株式会社西日本武道具．https://www.kendo.co.jp/products/k-fsd （2022年3月14日閲覧）

3）文部科学省（2017）中学校学習指導要領（平成29年告示）解説保健体育編．p.144.

4）庄司宗光著（1971）剣道百年．時事通信社．

5）田中和幸他（2001）自動細菌同定装置を応用した剣道具の細菌叢の研究：「面」に由来する細菌の分離同定．武道学研究34(1)：23-33.

6）田中和幸他（2006）剣道具"面"から分離された細菌の消毒に関する研究．武道学研究39(Supplement)：42-42

7）全日本剣道連盟編（2009）剣道指導要領．p.10.

8）全日本剣道連盟．https://www.kendo.or.jp/information/20200624/ （2022年3月14日閲覧）

9）全日本剣道連盟（2012）木刀による剣道基本技稽古法．

剣道の
安全チェックリスト

授業前

- ☐ 剣道場または体育館の床の掃除は完了し，危険な落下物はないか
- ☐ 竹刀自体に割れ等の破損はないか
- ☐ 竹刀にすべての付属品が確実に装着されているか
- ☐ 竹刀の付属品にほつれ，破れなどの破損はないか
- ☐ 剣道防具における小手の手の内に穴や破損はないか
- ☐ 剣道防具の著しい異臭やカビ等，衛生面に問題はないか
- ☐ 剣道防具の紐が摩擦により劣化していないか

毎授業時

- ☐ 授業を行う前に，アキレス腱も含めて十分なストレッチを行っているか
- ☐ 竹刀を用いる際（特に防具をつけない稽古の際）は，隣の生徒と最低でも2m以上の間隔を開けて実施しているか
- ☐ 竹刀を使って悪ふざけしている生徒はいないか
- ☐ 竹刀を用いた危険な行為等について，生徒に指導を行ったか
- ☐ 竹刀の破損等を生徒に逐一確認させているか
- ☐ 剣道防具の着用について，面の紐の高さは適正な位置にあるか
- ☐ 剣道防具の着用について，胴の高さは適正な位置にあるか
- ☐ 剣道防具の着用について，適正な着装を行っているか
- ☐ 授業終了後に，生徒は手ぬぐい等で剣道防具を拭いているか
- ☐ 使用した防具の衛生管理は適切か

コラム10
脳震盪の応急手当

　脳震盪とは，頭が何かに強くぶつかったり揺さぶられたりすることで意識や記憶を失うもので，重症の場合は命に危険を及ぼすこともある。体育授業においても発生することがあるため，教員には，迅速かつ適切な対応が求められる。

1　授業前の確認事項

　緊急時に誰がどのような対応を行うかの取り決めを「緊急時対応計画（Emergency Action Plan：以下 EAP）」という。以下に，体育授業における EAP で確認すべき事項を紹介する。

　①救急箱の内容と使用法・使用期限 ② AED（自動体外式除細動器）や担架の設置場所 ③応急手当や担架搬送の役割を担う教員のスキルと協力体制 ④活動場所へ援助を呼ぶための合図 ⑤水・氷の確保（特に夏季）⑥活動場所からの退場経路，救急車の進入経路，搬送路 ⑦近隣の病院，緊急連絡先の電話番号 ⑧対応する責任者・リーダー ⑨児童生徒・保護者の連絡先（電話番号）

2　体育授業での頭部外傷に対するアプローチ

（1）発生直後
　頭部外傷後に児童生徒が倒れた場合，周囲の安全を確保し，児童生徒の反応を確認する。反応がない場合は，他の児童生徒に「職員室に行って救急車を呼ぶ」よう頼みつつ，頭部の保護をする。

（2）脳震盪の評価（脳震盪を疑うときのツール「CRT 5©」を体育授業用に筆者が改変）
　以下の症状が１つでもみられる場合には，安全に注意しながら速やかに児童生徒を退避させ，ためらわずに救急車を呼ぶ。

　①首が痛い／押さえると痛む ②物がだぶって見える ③手足に力が入らない／痺れる ④強い頭痛／痛みが増してくる ⑤発作やけい

れんがある ⑥一瞬でも意識を失った ⑦反応が悪くなってくる ⑧嘔吐 ⑨落ち着かず，イライラして攻撃的。

　脳震盪が疑われた場合には，授業をただちに中止する必要がある。たとえすぐに症状が消失したとしても，医師や専門家の適切な評価を受けるまで，当該の児童生徒を授業に参加させてはいけない。

（3）頭部の保護

　頭頚部の損傷が疑われる場合に推奨される固定法として，「用手正中固定（Manual In Line Stabilization：MILS）」[1)2)3)]がある。教員は手と前腕を用いて負傷した児童生徒の頭部と頚部を覆い，気道の確保・呼吸の確認・循環の確認を行う。その後ネックカラーを装着させ，スパインボードを用いて搬送する。ネックカラーやスパインボードがない場合は，頭部の保護に気をつけながら担架を使用する。

3　　脳震盪後の児童生徒に対する体育授業での留意点

　医師による適切な治療と日常生活への復帰が済み，体育授業に復帰する際，教員は以下の点に注意しながら段階的に授業を進める（すべて，無症状であることが条件）。

　1日目：軽い有酸素運動。2日目：スポーツ固有の運動（ただし，頭部に衝撃を与える可能性のある運動は禁止）。3〜5日目：より複雑な運動。6日目：通常参加。

（河野 儀久・簀戸 崇史）

引用・参考文献

1）（公財）日本サッカー協会．脳震盪．
　　https://www.jfa.jp/medical/concussion.html　（2022年8月16日閲覧）
2）（公財）日本ラグビーフットボール協会（2021）ラグビー外傷・障害対応マニュアル．p.4,10,13-15.
3）日本臨床スポーツ医学会（2015）頭部外傷10か条の提言（第2版）．p.15,19,29.

第7章

ダンスの
リスクマネジメント

1 ダンスにおけるリスクの把握

（1）体育授業におけるダンスを知る

　中学校・高等学校の学習指導要領に記載されているダンス領域の内容には，「創作ダンス」「フォークダンス」「現代的なリズムのダンス」の3つがある。ダンスはリズミカルな全身運動であり，ダンスを継続することで，柔軟性，平衡性，全身持久力などがその動きに関連して高められることを理解できるようにすると述べられている。また，中学校の学習指導要領ではダンスを説明するキーワードとして「イメージ」「交流」「コミュニケーション」が挙げられているが，保健体育科の教員にとっては他の領域に比べて捉えにくい要素もあるかもしれない。しかしダンスは，障害の有無に関わらず，そしてそれまでの運動経験に関わらず，様々な人が安全に楽しむことのできる身体活動であり[1]，ダンスには他のスポーツと比較して，運動経験の少ない女子生徒がより積極的に参加したという報告[2]があることからも，その特性や指導のポイントを踏まえてマネジメントをすることで，みんなが安全に楽しく運動に参加できる領域である。

（2）ダンスにおけるリスクを分析する

①ダンスにおけるリスクとその心理的背景

　　体育におけるダンスは，比較的，重大事故の少ない領域ではあるが，回転，ジャンプによる衝突や捻挫，スライドによる火傷等は少なくない。

　　このような身体的リスクにつながる心理状態として，「恥ずかしい」「怖い」「難しそう」といった感情がある。ダンス授業の中で恥ずかしさを感じることは複数の研究で確認されており，実際の体育授業においても「踊ることが恥ずかしい」と言う児童生徒は少なくない。こうした児童生徒は，教員の近くに来ることに抵抗があり，他の児童生徒の後ろや壁際に固まりがちである。そのため，最初のうちは点呼や準備体操のときの隊列のまま踊り始め，次に「小さな円を描いてみよう」「人のいないところに動いてみよう」などと指示をして，移動するような流れをつくる。すると，踊っていることに集中でき，周りの児童生徒がどこにいる

かには意識が向かわず，恥ずかしさを感じることなく参加できる。時に鏡を背にして自分の姿を見ずに練習することも効果的である。また，教員が児童生徒の名前を大声で呼んで褒めると，褒められた者にとっては周りからの視線が集中し，恥ずかしさの原因になることもある。特に，授業の序盤では児童生徒自身がまだ教員に見られる心の準備ができておらず，負担に感じてしまうため注意が必要である。

　フォークダンスには，ボディタッチのある振付も多いが，手をつなぐことや身体を密着させることに抵抗感がある，恥ずかしさを感じる児童生徒も存在する。そうした場合は，接触する部分が小さい，顔や身体が向き合わない，距離が近すぎないような振付から取り組むとよい。

　近年は習い事としてダンスを経験している児童生徒も多いため，教員が想定する以上の高度な技を取り入れた結果，怪我につながるケースもある。また，精神的なストレスやプレッシャーから，無理な動きをしたり，不慣れな技に挑戦してしまうことも考えられる。こうしたリスクを減らすためには，技がなくてもダンスとして成立する例（足の開閉だけでリズムをつける，手足で空間に字を書くだけ，など）の提示や，お手本や教材には高度なことを行っている作品やダンス経験者が多く参加している作品を選ばないなどの工夫が挙げられる。

　以上のとおり，ダンスに関するリスクの分析は，ダンスのジャンルや環境によって多岐にわたることが示唆され，リスクにつながる心理状態を作り出さないようにすることも重要である。

②事故事例から考える

　ダンスは，日本スポーツ振興センターのデータベースを見ても重大な事故事例が少なく，比較的安全な種目であるといえる。ただし，事故の件数が少ないことを過信せず，小さな怪我にも注意した指導が求められるであろう。令和3年度版のデータベースでは，授業中かつダンスに関するものについて2件の報告があったため，それらについて考えてみてほしい。

事例1 ▷ 総合的な学習の時間に小学6年生の女子児童に起こっ
た，教室での事故

・概要

お別れ集会で発表する劇・ダンスを，6年生全員で練習していた。
友人同士の相談でもっと違う技をやってみようということにな
り，当該児童が友人に両手を持ってもらい，回転しようとしたが，
友人と手が離れて失敗し，床に前歯を強くぶつけた。

　まず，教室で行っていたという点から，床や靴がダンスに適していな
かったことが予想される。上履きは，教室の床の素材・状態によって特
に滑りやすくなる。また，本件は体育の授業時間ではないが，接触やリ
フト，回転が伴う技を行う場合は必ずダンスを行う前に教員を呼ぶなど
の周知が必要であった。さらに，他の児童が両手を持っていたことが理
由で顔から落下し，歯の負傷につながった可能性があるが，マットなど
の上で練習することから始めるなどの対策が必要であった。

事例2 ▷ 体育（保健体育）の時間に，体育館・屋内運動場にて
中学3年生の男子生徒に起こった事故

・概要

創作ダンスの練習中，後ろから身体を持ち上げられて前にジャン
プする動きをした後，着地に失敗した。その際，バランスを崩し
床に倒れて，左顎を強打した。

　体格に差があると，生徒は見栄えのよいリフトやジャンプなどを取り
入れようとする。しかし，たとえ運動能力の高い生徒であっても，生徒
同士の呼吸やタイミングが合わず事故につながってしまうことは少なく
ない。あらかじめシミュレーションをしたり，タイミングを合わせる練
習を教員の前で行うよう伝えておき，ジャンプだけでなくその前後の動
きや着地などと併せて無理がないか一緒に確認することで防ぐことがで
きた可能性がある。

2 ダンスにおける安全教育

（1）安全な学習環境をデザインする

　怪我の発生を抑えるために，児童生徒には，回転，ジャンプ，スライド，リフトなどを含む動きに初めて挑戦するときは教員に声をかけるように周知する。その際，危険だと思う技や空間の使い方を教員が例示しておくことも児童生徒の理解を助ける。さらに，技をする児童生徒が怪我をするだけでなく，その周囲にいる人や補助をしようと思った人にも危害が出る可能性があることを伝える。創作ダンスでは特に，児童生徒の自由な発想を尊重しつつ，安全が担保されるように創作活動の開始前に一定の約束を決めておくとよい。たとえば，高さのある技を盛り込む場合は，一番上に乗る人の頭の高さがその人の身長より高くならないようにする，ジャンプなどの技を取り入れる場合はまずはマットを敷いて行う，大道具や小道具を使用する際は事前に教員のチェックを受けるなどの対策が挙げられる。

　次にグループでの創作や練習の際は，ダンスの経験が豊富な児童生徒が固まらないようにする。高いスキルを持つ者同士での創作は，高度な技を用いることにもつながり，それを見た周囲のグループが真似をしてしまうリスクがある。できるだけグループ間のレベルを均等にし，ダンス経験が豊富な児童生徒には，自分ができても他の児童生徒はできない可能性があることを伝える。

　さらに，ダンスでは小道具や衣装など児童生徒自身が作ったものや，持参したもの（椅子，新聞紙，傘，布，棒など）を使用することがよくある。それらは創作活動の楽しみの１つでもあるが，使用することによるリスクについて，児童生徒自ら危険を認識し，回避できるようにしておく必要がある。具体的には，児童生徒は小道具を「使うとき」については意識が向くが，「使わないとき」については疎かにしがちであるため，いつ，どのように使うのか，使わないときはどうするのかを計画するように指導する。椅子や机を使う際は，危険な体重のかけ方をしていないか確認する時間を取るなど，動きの発想は自由にさせつつ，小道具は必ず教員が確認してから使うように徹底することが重要である。

図1 スタジオの様子

　施設に持ち込むものの配置によって，環境面でのリスクが発生することも事前に周知しておく必要がある。たとえば創作ダンスでは，授業中も児童生徒が学習プリントを持っており，それを持ったまま踊ったり，踊っている途中で意図しない場所に置いてしまったり，そのまま置きっ放しにしてしまったりすると，滑ったりつまずくなどの怪我の原因となり得る。最近では，タブレット端末などを音楽機器として用意している教員や児童生徒も多く，こうした機器についても児童生徒間で置き場所に関するルールを設けるなど注意が必要である。

（2）安全な学習過程をデザインする

　振付を児童生徒自身が創作するダンスでは，振付が決まっているダンスに比べると活動の自由度が増すため，事前にタイムスケジュールを共有し，リスクにつながる動きについても話し合っておくことが重要となる。教員は，児童生徒からの提案を受け入れ，リスクを予測しながらも，難易度にこだわらず生き生きとした動きを引き出し，安全な環境を確保できるように教育することがポイントとなる。

①テーマや音楽，振付を決める

　テーマや音楽，振付など，どこまでを教員が決め，どこを児童生徒の

創作範囲にするのかを提示する。動く場所，動きのパターンなどをあらかじめ提示しておくことは，児童生徒が安全に動き出すきっかけとなる。その際，座って話し合う時間があまり長くなりすぎないよう，声かけをする。

②振付を練習する

　振付は，各グループで練習する。児童生徒自身が，リスクの高い振付やフォーメーションがないかよく確認し，少しでも不安な点については教員へ申し出る。創作ダンスにおいても徐々に難易度を上げることを忘れずに，児童生徒が考えた技などがある場合には部分練習から全体練習に移行しているかなどの点に注意を配る。

③発表をする

　どこで，どのように発表するかについても，児童生徒の意見を取り入れることが重要である。グループ同士での披露，クラス単位での発表会，映像発表での鑑賞会など様々である。観客になる児童生徒も，必ずしも真正面に座る必要はなく，観客としての楽しさが享受されるよう，状況に合った工夫が必要である。また，鑑賞の場が練習場所と異なる場合，事前にその場所で練習をする必要がある。さらに体育館の舞台などを利用する場合は，事前に床の状態や，舞台上から移動できないもの（ピアノなど）の位置を児童生徒とともに確認する。

3 ダンスにおける安全管理

（1）用具・施設をマネジメントする

①練習環境

　創作したり練習するときにはビニールテープで枠を作るなど，踊る場所を指定する。グループ内やクラスでプリントを書くタイミングを統一する，書く場所や紙を置いておく場所を決め徹底するなどの対策を取ることも必要である。音楽機器の他，上着や飲み物などについても，置く場所を決めておくことはリスク低減のために重要である。また，ダンスは他の種目と違い，意識が向いている方向以外に身体が移動してしまう

ことが頻繁に起こる。具体的には，ぶつからないよう周囲にいる友人を避けたりジャンプやターンをすることで方向が曖昧になり，児童生徒が意図した方向ではない方向に踏み出していることがよくある。また，体育館のような広い場所では，ステージのほうを向いて踊っていたつもりが，気がつくと背中側にステージがあるなど，前方と後方がわからなくなっている場面も少なくない。さらに，自分の後ろに何があるかを感じ取るのが苦手な児童生徒は意外に多く，後ろ向きの児童生徒同士での衝突や，床に置いてある物への衝突も起こりやすい。創作ダンスの授業では，「ちょっとだけ試してみよう」「言葉では伝わらないから踊ってみせよう」などと考え，周囲の環境をよく確認しないまま音楽をかけて動き出してしまう場面も多くみられ，十分注意した上で行う必要がある。

②服装・衣装

　衣服については，発表の機会においても動きやすいものを選んでいるか事前に確認しておく。たとえば，転がる動きが多いのに膝が出ている衣装，全速力で走る振付があるのに丈の長い衣装など，動きに合わないものは避ける必要がある。また，衣装の自由度を制限し，形は複雑にさせないかわりに，色を工夫させるなどの指示をすることも可能である。武道場や体育館などで行う場合には，衣服を安全ピンなどで止めないように指導を徹底しておく。針や安全ピンを持ち込み，紛失してしまうと，他の活動でその場所を使用する際にも危険が残るからである。

図2　荷物が置き場所に収まっている様子

③足元

　創作ダンスにおいて，爪が剥がれたり，火傷による水ぶくれができたりといった怪我が起こりやすいため，足元にも気をつけたい。教員は，安全面から，裸足か，靴下か，ダンスシューズか…と迷うことがあるのではないだろうか。基本的には，まずは裸足で動ける環境を確保することを優先する。床に落ちているものがないか，濡れている箇所や滑りやすい場所，テープなどが剥がれているところはないかなど，ダンスに使用する場所だけでなく周囲についても確認をする。その上で，裸足では危険があると判断される場合は，初めからシューズを着用しての授業として組み立てる。また，隣の人の足を踏んでしまうことがあるので，一つのクラスでシューズを履く人と履かない人に分かれないほうがよい。

（2）学習活動をマネジメントする

　教員は事前に，できるだけ児童生徒のダンス経験を把握しておくほうがよい。そして体つくり等で実施するウォームアップを取り入れ，接触を伴う動きに関する学習者間の力の差をあらかじめ確認しておくことも有効である。体格差は目に見えているが，ダンスの中で発揮される力の差は，案外見えていないことがある。

　振付が決まっているダンスでは，教員が学習環境に合わせて振付を吟味し，運動の内容を選択することが可能となる。児童生徒の体調，天候（気温や湿度），授業のねらいとしてどれくらいの強度の運動を行いたいかに応じて適したダンスを選択することが安全な授業展開の第一歩である。一般的にダンスではテンポの速い音楽では動きも速くなり，運動強度も高くなる傾向にある[3]。ダンスの運動強度は中程度と報告されているものが多く，他の領域と比較して運動強度は高くないかもしれない。しかし，ダンスは動きが連続した有酸素運動であり，踊り始めると曲が終わるまで動き続けるため，意識的に授業の中に区切りを持たせることが有効である。

　振付が決まっているダンスの代表例はフォークダンスである。振付の中でパートナーが順々に変わることが多く，交流やコミュニケーションを高めるという意味でも取り入れたいダンスである。一方で，感染症予防の観

点を踏まえると，状況に応じて適切な距離を取り，フィジカルコンタクト（手を取り合うなど）のある振付についても教員が適宜変更する必要がある。

　創作ダンスでは，先に述べたように動きの発想が自由であるがゆえに教員の予想よりも複雑な動きや大きな技に挑戦しようとする者も少なくない。そうした組体操やアクロバティックな技自体は，児童生徒の持っている身体言語の1つであり，表現としてよくないとは言えない。したがって，どのような表現としてそうした動きを取り入れたいのかについて聞き取り，前後の動きの組み立てによって工夫し，危険性の高い動きは用いないよう声をかける。

　最後に，授業中の事故やトラブルのリスクを低減させる学習活動のマネジメントとして，教員からの声かけと鑑賞授業について解説する。

①教員からの声かけ

a. 水分補給のタイミング

　ダンスは，授業時間中に「練習」や「本番」といった明確な区切りがなく，つながりを持った指導案が重視されることから，水分補給のタイミングが取りにくい。また，ダンスの授業中は，激しく動き続ける場面は少なく，教員自身も喉の渇きに気づきにくいため，児童生徒に水分補給を促すことを忘れがちである。近年は夏場の熱中症のリスクも高まっているため，教員があらかじめ水分補給のタイミングを決めて声をかけるか，授業開始時にできるだけ各自で水分補給をするよう伝える必要がある。

b. 指導時

　ダンスが専門もしくは得意である教員は，ダンス独特の言語表現を使いがちであるが，こうした言語表現は児童生徒には伝わらないことが多く，間違った身体の動きにつながる場合もあるため，極力使用しないほうがよいと考える。たとえば，バレエ経験のある教員は，ダンスで姿勢を保つ際に「頭の上にリンゴが乗っているイメージ」「脇の下に挟んだ卵を潰さないように」といった表現をよくするが，こうした表現では児童生徒の理解にはつながりにくい。そのため，実際に頭にタオルを載せ

たり，脇の下に風船を入れるといった体験を用意すると，教員の持つイメージを児童生徒に上手く伝えることができるかもしれない。他にも，実際にやってみてその場で出た児童生徒の言葉を借りることも有効である。

c. ジェンダーの視点での配慮

最後に，ダンスが体育授業で男女とも必修になったことから，学習活動におけるジェンダーの視点での配慮も求められる。特にフォークダンスには，手本となる動画や写真，補助教材の中で「男性役」「女性役」と認識されやすいものがある。一方で近年は，こうした表現は避けられるようになっているため，ダンスの授業の中でも意識しておく必要がある。たとえば，クラスの中で役割を決める際には「右側さん・左側さん」「円の内側の人・外側の人」「Aグループ・Bグループ」のように割り当てる。動きの説明においても，振付として簡潔に述べる。また，歴史的背景として男女の役割や振付の違いを伝える必要がある学習内容については，作品解説の中などで共有するように心がける。

②鑑賞授業

ダンスの授業では「鑑賞」も1つの重要な学習となるため，児童生徒間での発表だけでなく，様々なダンスを見る機会を提供することができる。鑑賞は，熱中症や感染症対策などで「踊る」ことを避けたいときにも，効果的な学習方法である。

鑑賞授業による児童生徒の態度変化には，過去の鑑賞経験やダンス経

図3 鑑賞授業の様子

験が関係しており，たとえばダンス初心者の多いクラスでは物語性や舞台環境に関する情報を提供することで，ダンスに対する興味が向上することが報告されている[4]。こうした研究結果に基づくと，学校でも，児童生徒のダンス経験だけでなく鑑賞の経験についてもあらかじめ把握しておき，ダンスに関する様々な情報を共有しながら鑑賞授業をつくり上げることが効果的であると考えられる。

　コロナ禍以降，国内外のダンスカンパニーやバレエ団で，インターネット上に映像を公開する動きが加速している。こうした映像は教育場面での使用が認められるため，鑑賞授業の中でより質の高い，世界中のダンスに触れることができる。

（醍醐 笑部・甲斐久実代）

引用・参考文献

1）甲斐久実代（2016）ダンスのバランス，認知機能向上に関する文献的検討．名古屋女子大学紀要 家政・自然科学編62：pp.51-58.

2）Jago R, Edwards MJ, Sebire SJ. et al.（2013）Bristol girls dance project (BGDP): protocol for a cluster randomized controlled trial of an after-school dance programme to increase physical activity among 11-12 years old girls. BMC Public Health.13:1003.

3）三浦美紗子・鈴木哲郎（1986）フォークダンスのステップテンポと運動強度の関係．東洋大学紀要 教養課程篇3：pp.259-265.

4）醍醐笑部・木村和彦・作野誠一（2019）バレエ鑑賞プログラムの効果と観客の鑑賞能力に関する研究：スポーツ鑑賞行動構造化の試み．体育・スポーツ経営学研究32：pp.25-47.

ダンスの 安全チェックリスト

単元開始前

- ☐ 教員は，ダンスに関する学習目標，学習内容，教材特性を理解している
- ☐ 教員は，ダンスにおける身体的なリスク，精神的なリスクを理解している
- ☐ 教員は，事前に把握できる児童生徒の健康，体力，技能の状態について把握している
- ☐ 教員は，ダンスの段階的な学習方法について理解し，学習活動を計画している
- ☐ 教員は，床の状態（物は落ちていないか，濡れていないか）の安全点検を実施している
- ☐ 教員は，使用する機材（音楽機材）の設置場所や配線の安全点検を実施している
- ☐ 教員は，児童生徒の持ち物と水分の置き場を設置している
- ☐ 教員は，緊急時の対応について理解している

毎授業時

- ☐ 教員は，児童生徒の健康状態を確認している
- ☐ 教員は，本時の学習目標，学習内容を説明し，児童生徒は，それらを理解している
- ☐ 教員は，授業におけるルール（持ち物の置き場，適切な距離の取り方，適切な靴の使用，安全な小道具や衣装）について説明し，児童生徒は，それを遵守している
- ☐ 教員は，段階的な指導を行っており，徐々に難易度が上がる工夫を行っている
- ☐ 創作ダンスにおいて，教員は使用する道具を児童生徒とともにチェックし，児童生徒は安全に使用するための工夫を理解して適切に使用している
- ☐ 創作ダンスにおいて，教員は児童生徒が取り入れようとしている技を児童生徒とともに事前にチェックし，児童生徒は安全に実施するための工夫を理解して適切に行っている
- ☐ 教員は，児童生徒全員を視界に入れ，異変に気づける状態になっている

コラム11
障害のある児童生徒に対する体育授業での配慮

通常の学級，通級による指導，特別支援学級，特別支援学校といった，連続性のある多様な学びの場を用意しておくことは，体育授業においても重要である。それを踏まえ，ここでは，主に障害のある児童生徒が通常学級で学習に取り組む際の配慮事項について述べる。

1 授業準備における配慮

一般に同じ障害名であっても，身体機能や知的能力などは1人ひとり異なる。したがって，障害のある様々な個性を持つ児童生徒が安心安全に授業に臨める環境を準備するには，実施内容だけでなく，環境面（実施場所の温度や用具，グラウンド，床面の状態など）について事前に確認し，その上で個々に発生する可能性のあるリスクについて対策を立てる必要がある。たとえば，切断や欠損，麻痺など身体運動の調整が難しい児童生徒においては，体力面を踏まえた運動負荷量の調整，個別の休憩時間の設定などが必要である。また，授業で使用する校庭や体育館での段差の有無やプールサイドの滑り具合いを事前に確認し，転倒や滑る可能性が高い場合は，実施種目の変更を検討することも重要である。そして，心臓や呼吸器，消化器などの身体内部に障害のある児童生徒の身体状態が悪化した場合のために，AEDの設置場所やかかりつけ医を把握しておくこと，救急対応時のフローチャートを作成しておくことなどが挙げられる。さらに，障害のある児童生徒の中には，免疫力が低下している者もいる。免疫力が低下した状態では様々な感染症に感染するリスクが高いため，季節や感染症の流行状況などに合わせて対策を講じることも必要である（→**コラム7** 参照）。

2　授業中における配慮

　脳の発育・発達障害や，視覚，聴覚の障害により教員の指示が伝わりにくい，理解しにくい児童生徒に対しては，サポートしやすい位置に補助教員を配置したり，他の児童生徒のサポートを受けられるようペアやグループで実施できる内容へ変更したりすることなどが挙げられる。さらに，衝突する危険性が高いため，運動を実施する前に衝突する危険性がある対象物を児童生徒と一緒に確認し，障害物になるであろうものは片付け，ぶつかる危険性のあるところには衝撃緩和を目的としたクッション材を配置する。また，運動中は，できる限り児童生徒同士の距離が広くとれるような配慮が必要である。そして，障害によって一緒に実施することができないと想定されることの多い球技種目では，ルールの工夫が必要である。たとえば，軽度の麻痺により車いすは不要だが転倒しやすい児童生徒がいるクラスでバレーボールを実施する場合，必ずしも立位にこだわる必要はなく，床上に座った状態で実施することも考えられる。このように，全員でできる条件を探り実施することで，障害のある児童生徒の怪我のリスクを管理するだけでなく，障害があることで生じる疎外感をケアすることもできる。

　近年は，障害を含めた個性を尊重する包括的な教育指導が求められているため，リスクマネジメントの観点でも障害を踏まえた準備をする必要がある。一方で，障害だけにとらわれず一人ひとりの個性に合わせた対策の検討も重要である。

（小玉 京士朗・畑島 紀昭）

第 8 章

野外活動の
リスクマネジメント

1 キャンプにおけるリスクの把握

（1）体育授業におけるキャンプを知る

1996 年当時，学力偏重や学校教育への過度な依存が問題視される中，「生きる力」という概念が中央教育審議会において提起された。また，自然環境を活用した全人的な教育効果が期待される野外教育は「生きる力」の養成にも適したものと位置づけられ，学校内外での自然体験活動としても様々な教育プログラムが開発され，充実が図られてきた。

現在の学校体育においては，野外教育を含めた広い意味での野外活動は主に特別活動の位置づけで行われていることが多い。一部のプログラムは，教員の裁量で保健体育科や理科，社会科，家庭科などの幅広い科目の授業内に組み込まれている場合がある他，総合的な学習の時間やホームルームでもしばしば活用されている。野外活動は様々な内容が含まれる概念であるが，本章では学校現場で行われる機会が比較的多いキャンプを主な対象として論じる。

キャンプは一般的な用語としてはテント等を用いた野外での宿泊そのものを指すが，体育におけるキャンプは教育的な意図を持ち，指導者やプログラムが用意された「組織キャンプ（教育キャンプ）」を指す用語である。体育授業としてのキャンプにおいては野外での宿泊を伴わない場合もあり，宿泊施設等を活用しても活動内容によってはキャンプとされる。

また，組織キャンプが作り上げてきたアイスブレイクやチームビルディング，イニシアティブゲームと呼ばれる集団内のコミュニケーションの円滑化や社会性の向上を目的とした活動は幅広く体育授業内外で活用されている。また，体育・スポーツ科を有する高校（専門教育を主とする学科のうち，体育に関する学科）では野外活動が科目として組み込まれている。

（2）キャンプにおけるリスクを分析する

キャンプでは，自然環境や自然物を教育空間や教材として活用する。しかし自然は完全な管理が困難であり，相当なリスクがある（環境要因）。また，非日常的な活動は人為的なリスクも多く含んでいる（人的要因）。

人体に有害な動植物は自然界に広く普遍的に存在している。触れたり近づいただけで肌がかぶれる植物や，人間を噛んだり刺したりする動物も容易に想定され，外傷だけではなく毒による重症化や死亡の危険性もある。端的に言えば自然物への接触がそのまま事故や怪我につながる可能性を孕んでいる。野外で長時間にわたり活動することを考えれば天候も大きなリスクであり，雷雨や突風，急な川の増水などで昼夜を問わず避難せざるを得ない状況もあり得る。

　また，キャンプにおけるプログラム内容によってリスクの種類は異なる。野外炊飯において包丁で手を切る，火起こしで火傷を負う，工作において彫刻刀で手を切る，アスレチックで落下し怪我をするなど，プログラムの内容に応じて広くリスクが存在していると言える。夜間にテントのペグや張り綱が見えず，つまずいて転び怪我をするなど，都市的環境下であれば問題にもならないことが慣れない非日常的な活動・空間では大きなリスクになり得る。

　このように，キャンプにおける事故のリスクは相当高く，なおかつリスク管理の専門性は高く複雑で，指導者は専門的な知識や技能を備えていることが要求されるという特徴がある一方，その能力は普遍的に教員が備えているものとは言い難い。そこで野外活動に精通した専門家および外部講師の活用や委託も積極的に行われているのが現状である。

（3）キャンプにおける教員の注意義務を理解する

　自然環境下でのリスク特性上，過去に起こった事故は少なくないが，その教訓から多くのリスクマネジメントの知見が蓄積されている。言いかえれば，事前準備によりリスクを回避・低減する方法は広く存在しているため，指導者の資質や能力に期待される部分はなおさら大きいとも言える。

　ここではキャンプでのプログラムとして行われることも多いアスレチックやカヌーに関する過去の裁判例から，司法において教員にどのような注意義務が認められたのかについて見ていく。

フィールドアスレチックからの落下事故

・**概要**

市立中学校の特殊学級在学中の中学2年の女子生徒が校外学習の際，フィールドアスレチックから落下し，下半身不随となった。教員の過失および損害賠償責任が認められた（千葉地裁／判決平成4年3月25日）。

・**経過**

中学校の学校行事として市内のフィールドアスレチックコースで校外学習が行われた。現地に到着後，生徒全員に対する諸注意の後，特殊学級の生徒は学級担任の教員に引率されて「高台のぼり」と呼ばれる丸太とロープが組み合わさった遊具に向かった。生徒は過去にも学校行事で引率されて当該施設に来たことがあるものの，高台のぼりはしたことがなかった。高台のぼりは高台が約4.25m，U字ロープの下端で2.65mあり，不安定なロープを伝って降りる必要があることから，小学校高学年でも補助が必要となるほどで優れた運動能力や体力が必要なものである。女子生徒は脳に障害を有しており，知能指数が小学1年生程度，運動能力も全般的に劣っていた。

生徒は教員に挑戦するよう指示され，何とか高台の最上段まで登ったが，ロープを伝って降りることができず，丸太を伝って降りようとして途中でバランスを失い地上に落下した。その際，教員らはその場を離れていたか，もしくは他の生徒に気を取られて当該生徒を十分には監視していなかった。

生徒は第一腰椎脱臼骨折および脊椎損傷の診断を受け，合計313日間にわたり入院した。後遺症として下半身が完全に麻痺し，常に介助者を必要とする第一級身体障害者となり，闘病生活を余儀なくされた。

・**過失認定**

①生徒に高台のぼりを挑戦させた過失

教員には事前に予測される危険について十分な配慮をし，当該

遊具に挑戦させるか判断し,状況に応じてやめさせるなどの注意義務がある。特に障害のある生徒に関してはその運動能力等を踏まえて安全性を十分に考慮すべきであったとされた。

②立会監視措置を怠った過失

フィールドアスレチックなど一定の危険を本来的に伴う活動を特殊学級の生徒にさせる場合には教員が立ち会い,生徒の動静を十分監視する注意義務がある。また自ら監視することができなかったり,1人だけでは十分な監視ができない事情がある場合には,他の教員の応援を依頼する措置を講ずる注意義務がある。女子生徒の能力,高台のぼりの難易度,危険性に照らせば本事故発生の危険が予測できたにもかかわらず,教員は生徒を十分に監視せず,他の教員に応援を求めるなどの措置も講じず,事故を発生させた過失があるとされた。

③中学校の過失

学校には事前調査をして生徒に挑戦させる遊具を選定し,付き添い教員の必要性やその人数および配置等について検討し,適切な人員の配置をすべき注意義務がある。本件のように,特殊学級の生徒8人に教員1人では危険極まりなく,登る側と降りる側に少なくとも1人ずつの配置が必要であった。しかし,学校側は事前調査に特殊学級の教員を参加させておらず,遊具の危険性について議論すら行わず,適切な人員配置をしなかった過失があるとされた。

本件は,校外学習における特殊学級の生徒の事故であるが,一般的な野外教育における状況にも置き換えて考えることができる。まず,教員が学校での日常生活を通じて生徒の運動能力や性格などに関してある程度把握していることは当然として,生徒の能力を超えるような活動を避けさせる義務があったと言えよう。そして,起こり得るリスクを承知の上で挑戦させる場合にも,監視・補助を行う必要があった。本件では,事前調査(下見)のメンバーやリスクの想定内容,さらには現場での人員配置も問われ

ている。事前の下見でリスクを洗い出し，教員間で共有し対応方針を協議
していれば防げる可能性は高かったと言える。また，学校としても対象や
活動のリスクに応じて教員の人数比を調整する責務があった。難しい場合
には生徒同士で相互補助をさせることも有効な対策であっただろう。

　日常生活で体験することの少ない高所での活動は，当然ながら落下や設
置物への衝突などが容易に起こり得ると考えられ，発生頻度も高く想定さ
れる。そして本件のように，平均的な生徒には可能でも相対的に運動能力
が劣る者にとってリスクが増大する傾向がある。最もリスクが高くなる生
徒に合わせて全体を管理するか，明確な基準を設けて途中棄権やショート
カットできる方法も考慮するべきであろう。

判例2▷　カヌー実習での溺死事故

・概要

　県立高校の正課授業として実施したカヌー授業において，女子生
徒が転覆し，溺死した。同校から指導を委託されたカヌー業者お
よびインストラクターらの不法行為責任が認められ，同事業者お
よびインストラクターを履行補助者とした同校の設置者たる県の
安全配慮義務違反による債務不履行責任が認められた（東京地
裁／判決 平成20年10月29日）。

・経過

　スポーツ健康コース2年に在籍していた生徒は，「野外活動」の
科目のうち，カヌー実習に参加した。委託されたカヌーインスト
ラクターらの指導の下カヌーに乗って川下りをしていたところ，
左岸に設置されていた消波ブロックに衝突して転覆し水中に投げ
出された。生徒は転覆から50分後に現場から約150m下流の
水中に救命胴衣が脱げた状態で沈んでいるのを救急隊に発見さ
れ，その後死亡が確認された。

・認められた過失

　①カヌー遊覧事業を行う事業者が初心者に対する適切なカヌー実
　　習実施水域を選定しなかった過失

当該河川は初心者が川下りするには難易度の高いコースである上，数週間前の豪雨によりストレーナー（倒木等がザルのように機能し水は通るが人や艇は通れない箇所。引っかかると強力な水圧がかかり続けるため危険とされる）ができるなど，流路が激しく複雑になっており，初心者にとって危険性の高いものとなっていた。下見をしたインストラクターは危険性の判断を誤り，中止判断の責任を負うリーダーへ報告・共有をしなかった。またリーダーは自ら下見をせず，危険性を正しく判断できるインストラクターを下見に行かせて危険箇所を聴取することもしなかった。実習の中止や湖での実施場所の変更，もしくはポーテージやライニングダウン（危険箇所を陸に上がって徒歩で通過すること）などの対応が可能であったが，その注意義務を怠ったとされた。

②**インストラクターが，生徒らに対し適切な救命胴衣の着用や川下りの安全なコース取り等を十分に説明・指導しなかった過失**

インストラクターは，カヌーが転覆することを予想し，生徒各人の体格に合う救命胴衣を用意し適切に着用させる注意義務があった。生徒の救命胴衣は体格に対して大きすぎたが，これを十分に確認しなかった結果，水中で脱げてしまい溺死した。インストラクターは当該生徒が泳げないことを認識しており，高度な注意義務が課せられていたが怠ったとされた。

③**高校の設置・運営者としての県の債務不履行責任**

県立高校の正課授業であることから，設置・運営者である県としての安全配慮義務が業者の選定と監督に限定されるかが争点となった。結果として，県が生徒に対する安全配慮義務を第一次的に負うことは当然であるとされた。さらにカヌーの専門性を理由に自ら指導することを放棄しておきながら，その指導を外部の業者に委託すれば県の安全配慮義務が業者の選定と監督に限定されることになるという県の主張はあまりにも身勝手で無責任であるというほかないと言及された。

①教員がカヌー実習実施水域の安全を十分に確認しなかった過失

同校にはカヌーを指導できる教員がいなかったため，カヌー専門業者に用具の貸与，安全確認，技術指導，実施場所の選定と確認，転覆等の際の救護措置などを有償で委託した。教員らはカヌー実習によって生ずる可能性のある危険性から生徒を保護するために安全面に十分な配慮をし，事故の発生を防止すべき一般的な注意義務を負っていた。しかし，生徒の死亡との相当因果関係を有する過失があったとは認められないとされた。

教員が専門技能を持たないことから，外部に指導を委託したケースの死亡事故である。ずさんな管理を行った事業者の過失責任が大きいことは明らかであり，二重三重の不備があった。他方で，正課授業として企画から実施までの当事者である教員および学校設置者の県の責任が問われた点に注目されたい。両者ともに第一次的に安全配慮義務があるとされたが，教員に関してはカヌーに関して素人であり，危険性を的確に判断する能力を有していなかったと判断され，女子生徒の死亡に関しての過失は認められなかった。

一方，県には，業者に委託したとしても，その選任と監督に留まらない安全配慮義務があるとされた。県は，実習前に保護者説明会を開き，そこでカヌー実習の指導と運営を業者に委託することを説明し，同意書により保護者から承諾されていたと主張し，川下りの内容に関しては責任を負わないと主張していた。しかし判決では，正課の授業として企画されている以上，同意書は県の責任を業者選定に限定することを承認するものではなく，県は委託業者の過失についても責任を負うと判断された。

学校で行われる野外活動はプログラムの内容が多岐にわたるため，学習指導要領においては，その地域ごとの特性や学校の実態に応じて積極的に行うことに留意するものと示されている。本件の場合，カヌーが選ばれたのも相当な教育的意義を企図してのことと思われるが，業者選定はもちろんのこと，教員自身が危険性を判断できない実習内容を委託してまで行う

必要性があったのかも問われるところである。

　野外活動に関連した裁判例はそれぞれ個別具体的な事情により，過失の有無や割合は異なるが，争点の多くは事前調査によるリスクの認知と児童生徒への十分な注意喚起の義務に集約される。冷静な判断をすれば気づくはずのリスクに十分注意を払い，必要な対処を講じることが指導者の基本的な義務である。

　しばしば野外活動事業者において「私は催行中に生じるであろう危険の説明を受け，承知した上で参加いたします。不測の事態により負傷したとしても損害賠償の権利を放棄します」といった免責同意書に署名を求める場合があるが，あらかじめ一切の責任を免除されるという契約は法的な観点から無効とみなされる。どのような場合においても指導者には予見可能な範囲で事故を回避する注意義務がある。それでもなお免責同意書が用いられているのは，危険の存在を確実に参加者に周知する意図や指導者側が果たすべき注意義務を果たした上で，それでも起こり得るリスクの存在の周知と引き受けを依頼するという意図であり，司法手続き以前の道義的意味合いからであると考えられる。

2 キャンプにおける安全教育

（1）安全な学習環境をデザインする

　キャンプ利用が想定されている教育施設では，管理主体によって安全のためのマニュアルやルールが設定されている。たとえば有害な野生動植物の存在は施設管理者によっておおよそ把握・管理される義務があり，防護のための服装や注意点等が周知されている。教員は，管理主体によって提供される安全な環境を享受するために，提示された利用方法を熟知し，児童生徒に注意喚起を行うことが求められる。教育活動の目的に合わせて適した施設や場所，環境を選択することも指導者の重要な役割である。

　また指導現場でも刃物や火を取り扱う際などには，児童生徒全員が確認できるよう集団配置を工夫した上で明確に注意や指示を伝える必要がある。野外環境は教室や体育館のように多数の児童生徒を一望監視するのが

容易ではない場合も想定される。加えて児童生徒の注意を散漫させる自然物が豊富に存在し注意や指示が行き届かないことが危惧される。的確に注意事項等を伝えるには、バディやグループなどを作り組織化し、児童生徒同士で確認し合う環境を設計したり、たとえば「OK」のジェスチャーをルール化して繰り返し習慣化するなどの工夫も効果的である。

（2）安全な学習過程をデザインする

　一般的にキャンプが行われるのは、野外の自然豊かな場所である。学校教育では施設管理主体がおり、利用料の徴収を含め、ある程度恒常的に施設の維持管理が行われている社会教育施設等が選ばれることが多い。なぜなら、多くの場合、児童生徒数に対する指導者の数には限りがあり、施設職員や外部指導者、ボランティアなどを活用したとしても非整備の自然環境下で安全な野外生活を自ら賄うことは相当に困難であるからである。たとえば食事に関して最も注意を要するのは食中毒の発生である。食品衛生管理法に基づいた設備・体制を備えた食堂の活用は、食事に関するリスク管理の負担を大幅に低減・移転し、同時に手早く食事をとることを可能にし、プログラムの自由度を上げることに直結する。一方で、野外での調理と食事という営為、その体験による学びの機会はキャンプの醍醐味とも言え、指導者の教育設計と取捨選択が行われる部分ともなる。

①セーフティートーク

　活動開始の前には、指導者が今後活動中に起こり得るリスクを解説し、参加者に心構えと対応方法についての理解を促す簡易的な説明が行われる。導入部にもあたるため、参加者の意識を高揚させる意味もあるが、安全管理の意味でも重要なポイントである。なぜなら、いざ活動が始まってしまえば指導者が参加者全員を完全に把握し続けるのは困難であり、リスクが顕在化した際にいつでも指導者がそばにいて対処できるわけではなく、一定程度「自分の身は自分で守る」というセルフレスキューを前提とせざるを得ないからである。また1秒を争うような状況になった際には対応方法を説明する時間がないことも想定されるため、参加者自身に最低限の知識と対応能力を備えてもらう必要がある。

特に事故が起こった場合，事前に想定されるリスクが参加者に説明されていたかどうかが一つの争点になる。教育効果を最大化したいという想いや参加者の不安を掻き立てたくないという想いから「普通にしていれば大丈夫」「過去にここで事故は起きていない」などといった説明で省略することは断じて許されない。起こり得るリスクを明確に参加者に伝え，対処方法まで想定させることが必要なのである。

　また，対象者の年齢や性質に合わせてセーフティートークの内容は柔軟に変える必要がある。想定されるリスクがいかなる事故や怪我につながるのかという因果関係の説明や対策のための行動規範は，小学生向けと高校生向けなどでは当然異なる。たとえば高校生には「火には注意しましょう」で伝わることも，小学生には「火のついた棒を振り回すと友達に当たってやけどをさせてしまうかもしれないから周囲を確認し，気づいていない人がいたら大きな声で注意を呼びかけましょう」というように，より具体的に説明・ルール化する必要があるだろう。

②危険予知トレーニング（KYT）

　危険を予知し対策を講じること自体をプログラムとして取り入れることもリスク管理として有効な方法になる。特にキャンプの初期において，事後のプログラムを想定しながらそれぞれの活動にどのようなリスクが潜んでいるかを意識的に取り上げて明文化しグループで共有することは，主体的な判断力を養成することにもつながる。禁止事項を羅列するだけでなく，なぜ禁止されているのか，禁止されるべきなのかに対しても思慮がめぐらされることで，集団全体のリスクマネジメント能力は大きく向上する。対象となる集団の年齢や専門性によって状況や場面設定を変え，適切な難易度を設定することにより，ゲーム性を持たせることもできる。

3 キャンプにおける安全管理

（1）用具・施設をマネジメントする

　キャンプにおいて用具は１つの文化体系を構成している。アウトドア

ショップに並ぶ様々なグッズやギアは，いずれも便利さを追求し野外での生活の質を向上させるものであるが，一方で野外生活そのものは文明的な生活から距離を取ることを1つの目的にしてもいる。それは多くの場合，体験に伴うリスクが拡大することを意味する。

　たとえば，キャンプでは施設内ではなくテントやツェルト，ブルーシートや段ボールでの宿泊なども行われている。施設内であれば空調が効き耐震性までも確保されているが，テントでは天候や気温に快適性や安全性が大きく左右される。防水・防風の機能性の高いテントならばまだしも，ブルーシートテントでは夜露や虫害，獣害等も考慮しなくてはならない。寝ている間は無防備であり，寝つけずにしっかり休養を取れないことは二次的なリスクの拡大にもつながる。木の枝等が落下してこないような場所取り，ペグ等でのテントの正しい固定，常夜灯の数や場所，就寝時の教員の配置，野生生物が多い場所の場合には飲食物や生ごみ等の管理（テント内に持ち込まず，テントサイトから遠くで管理するなど）の検討も必要である。

　このようにプログラムの内容や緊急時の対応は用具や施設の選択と直接的に関係している。たとえば防水透湿機能を持つ高性能な雨具は雨や汗による低体温症のリスクを低減する。一方で傘の使用は，雨を防げても風は防げず，片手をふさぎ体勢を崩した時に対応ができない可能性があり，振り回すと周囲に危害を加える可能性がある。

　また，場合によっては全身が濡れる状況自体も体験学習の教材になり得る。晴天から一転して豪雨が降って気温が急激に下がり，震えが止まらない状況においても，大きな傷害につながる要素を除いた上で（たとえば，すぐに避難できる場所が確保されているならば）体験の意味を優先する場合もあり得るだろう。それはひとえに指導者がどのようなリスクを許容し，どのような学びを提供しようと計画するかによって柔軟に変わる部分である。ただし，どこまで先のリスクを想定するかを含め，その許容範囲に関しては指導者自身の技能や見識が高く要求される部分である。

　したがって，一般的な授業計画と同様に，ある程度の計画性と現場での柔軟な対応力が求められる。特に専門的な知識や技能を持たない場合には，現場での判断を優先するよりも事前の計画や基準の範囲内で行動するとい

うことを優先する。たとえば雨が降れば屋外での活動を中止する，気温が15℃を下回っていれば屋内での休養を認めるなど明確な基準をもって運用することで，想定外の状況の中での教育活動を防ぐことができる。顕著な例としては，雷鳴が聞こえたら避難するというのが屋外活動に共通する指針である。すぐに屋内施設へ避難できない山や森の中ではどこに避難するべきか，より安全な場所はどこか（たとえば側撃雷を防ぐため木の幹から4m以上離れるなど）を事前に確認することも必要である。

（2）学習活動をマネジメントする

　一般的な組織キャンプでは事前に日程表が作成され，そのスケジュールに沿ってプログラムを進めていくことになる。1か月前を目途に事前の下見が行われ，環境面でのリスクがスタッフ全員に共有されていることが望ましい。また，キャンプディレクターをはじめ救護要員など，スタッフの役割分担や指示系統を明確にしておくこと，安全管理マニュアルなどとともにキャンプの趣旨や方針を共有しておくことも重要である。

　キャンプは基本的に24時間体制での管理が必要であり，就寝時や休憩時にもリスクが顕在化すればすぐに対応可能であることが求められる。活動量の多いプログラムは指導者にとっても身体的・精神的な負荷が大きく，1人に負担が偏ること自体がリスクでもある。また，非日常空間でのプログラムの連続は児童生徒にとっても相当な疲労感をもたらすため，適宜休憩を取れるような柔軟かつ余裕のあるプログラム設計が求められる。

　このようなキャンプの特性を考慮すると，野外教育や医療に関する専門的な知識や技能を持った外部指導者等の補助的参加や委託はリスクの低減に大変有効であり検討されるべきであろう。委託する場合には，教員が何を目的にどんなプログラムを行いたいのか，それに対して何をどこまで委託・依頼するのか，その責任の所在も明確にしておく必要がある。たとえば，教育施設でのキャンプでは，一部のプログラム指導を施設職員に依頼することもできるが，基本的にプログラムに直接的に付随する安全配慮義務以外の全体の管理運営責任は変わらず教員にあると考えるべきである。いつでもプログラムの中止を判断できる権限を持っている教員の責任は指

導を委託していても変わらないと言える。また，専門的な知識や技能を持つ者が参加・補助しない場合には，プログラムの内容は大幅に制限されるべきであり，たとえば学校内での活動に限定したり，短時間や少人数でのプログラムにするなどの工夫が求められる。安全管理の判断ができない以上は実施を見送るというのも担当教員の重要な責任の1つである。

4 キャンプにおける緊急時対応

（1）緊急事態の発生に備える

　事故のリスクは様々な取り組みにより低減が可能だが，野外活動では一定程度のリスクは許容されるのが常であり，重大な危機に直面する可能性はゼロにはならない。そのため重大な傷病の発生に対処する能力も一定程度求められる。第一に優先されるのは死亡や後遺症が残るような重症化の予防であり，心肺蘇生をはじめ止血法や毒への対処，固定法，搬送法，熱中症，低体温症などへの対処が求められる。野外では救急隊の到着が都市部に比べて遅れることが想定され，高度な治療を受けられるまでの時間が長くなるため，相対的に受傷現場での応急手当の重要性が高いと言える。

　救急用品はフィールドの性質や日数，参加者数などに合わせて準備する必要がある。水辺での活動には防水性を考慮した救急バックや防水テープ類が必要であるし，山岳での活動には軽量化を考慮しつつも外傷対応を中心に止血・消毒に必要な物品を多く組み入れる。場所によってポイズンリムーバーも必要である。車でアクセスできる場所やキャンプサイト周辺で活動を完結させる場合には大型でも構わないため，各部位に合わせた固定用具なども入れておくとよい。ただしその場合にも全体で備えるべき大型の救急セットと個人や班で携行できる小型の救急セットが分けて備えられていることが理想である。その他，ザック，衣類などで担架を作る方法など身の回りにあるもので流用する方法なども学んでおくと有用である。

（2）緊急時の連絡体制

　野外活動の場合，二次事故のリスク評価および搬送法や外部との連絡手

段の確保には特に注意が必要である。水辺や山岳での活動中や野生動物から受傷した場合などは，自己やグループ全体の安全を優先するために独力での救助を断念せざるを得ない場合がある。また山中など電波が届かず外部との連絡が取れない事態も想定される。

　緊急時にグループ内でどのように役割分担をするのかは，体制表などによって事前に想定・共有しておくことが望ましい。搬送者や手当施術者，学校や救助隊との連絡者や経路を示すとともに，傷病者以外の参加者のその後の活動を指揮する副リーダーも必要である。特に広いフィールドの場合，救助を呼びに行く際にも新たな事故発生リスクがあるため単独での行動は避けるべきであり，常にバディなど複数人での行動を前提とする。

　なお，リスクが高く救助活動がまったく行えない場合にも唯一できることは逐次記録を取ることである。医療機関への搬送までに長時間かかる場合もあるため，経過状況を逐次記録していくことは後の治療やリハビリに際し重要な情報となる。医療現場では「SOAP」と呼ばれる類のものであるが，それに準じる形で誰が，いつ，どこで，どのような状況で，どのような傷病を負い，それに対して誰が，いつ，どのように判断し，どのような治療・処置を行ったか等を記録し引き継ぐことも重要な役割である。

（嘉門 良亮）

引用・参考文献

1）藤原尚雄・羽根田治（2020）レスキュー・ハンドブック．山と渓谷社．
2）自然体験活動研究会編（2011）野外教育入門シリーズ第1巻　野外教育の理論と実践．杏林書院．
3）自然体験活動研究会編（2011）野外教育入門シリーズ第2巻　野外教育における安全管理と安全学習―作る安全，まなぶ安全―．杏林書院．
4）能條歩編（2018）とぎすまそう！安全への感覚―里山活動でのリスク管理―．ＮＰＯ法人北海道自然体験活動サポートセンター．

キャンプの 安全チェックリスト

実習準備時

☐ 現地へ下見に行って活動エリアを見て回り，危険箇所や緊急避難場所，対応可能な医療機関を確認した

☐ 各種施設（トイレや浴室，炊事場など）の状況と安全性を確認した

☐ 指導者全員に対し，下見で得た情報を共有した

☐ 参加者のメディカルチェック（既往症や食物アレルギーなど）と配慮を希望する事項を確認した

☐ 参加者には，安全のために必要な準備物や心構えが周知されている

☐ 使用する用具の点検・メンテナンスは完了している

☐ 緊急時における連絡体制および連絡先を把握している

☐ 傷害保険に加入している

☐ 救急用品セットの中身を確認した

☐ 気象状況を確認した

実習開始時

☐ 活動エリアの状況や危険箇所を指導者全員で共有・確認している

☐ 全体の活動方針や趣旨を指導者全員で共有・確認している

☐ 定期的に指導者全員の健康状態（疲労状態）を把握している

☐ 定期的に参加者全員の健康状態（疲労状態）を把握している

☐ 指導者はそれぞれの持ち場に適切に配置されている

☐ 参加者の服装や持ち物に不備がないか確認した

☐ 参加者への安全確保のための注意や指導は徹底されている

☐ 野外活動に使用する用具や救急用品セットは適切に管理されている

☐ 各種施設（トイレや浴室，炊事場）の衛生状況は良好である

☐ 気象状況を確認した

コラム12
「性」と体育・スポーツ活動を考える

　身体の発育発達ならびに成熟の過程で出現する様々な性差は，日々のスポーツ活動場面において，多くの気づきや学び，そして課題を与えてくれる。ここでは，体育授業やスポーツ活動が潜在的に抱える「性の多様性」の課題と，近年語られることが多くなった「月経」に焦点を当て，教員として配慮すべき点について考える。

1　「性の多様性」と学校体育

　昨今，「性の多様性」について学ぶことの重要性が叫ばれている。具体的には，性に関する身体的・生物学的特徴などを指す「身体の性」，自分の性をどう捉えているかを指す「性自認」，恋愛感情や性愛がどの性に向かうかを指す「性的指向」，言葉づかいや服装やしぐさ等をどのように表現したいかを指す「性表現」についてである。

　性自認により性別への違和感を抱く時期は小学校入学前が多く，その後，思春期に性的指向に気づくことが多いため，学校現場での理解や支援は必須と言える。特に学校体育では，着替えや授業中の身体的な接触など，性自認や性的指向に悩む児童生徒が苦痛や困難さを感じる場面が多い。したがって，身体や心，さらには性に関して学ぶ機会を，小学校低学年から日常的に設けることが必要だろう。「性教育」というと，性交渉と結びつけられ，話題にすることが避けられる風潮があるが，本来は自分自身や他者の身体について学ぶ機会であるため，その意義を強調し展開していくことが重要である。

　また，学校体育は「規範的セクシュアリティの再生産」と揶揄されるほど，未だに男性は力強さやリーダーシップが，女性は柔らかさやフォロワーシップが評価される傾向にある。2017年以降，体育授業の男女共習化が推進されているが，教員が適切な手立てを講じなければ，男女の体力差を男子がカバーするなど，学習上の役割にも性差が反映されることが指摘されている[1]。つまり，図らずも，

体育授業が規範的セクシュアリティを形成する危険性がある。このことを踏まえ，性の多様性を包含した学校体育の実現に向けて，男女二元論による授業運営や運動技能の優劣を主とした評価方法からの脱却を推進していくことが重要だろう。

2　月経と学校体育・スポーツ活動

「身体の性」への理解は，心身の健やかな成長を考える上で欠くことができない。近年，月経やそれに伴う身体的症状，精神的症状が，就学・就労を妨げたり QOL の低下を招いたりすることが明らかにされている。日本人女性の初経年齢は 10〜15 歳，月経周期が安定するまでには 1 〜 2 年かかると言われており，実際，中学生・高校生の約 30〜50％に日常生活に支障を来す程度の月経随伴症状がみられている[2]。

しかしながら，学校生活，とりわけ体育授業における月経への配慮に関する国内の先行研究は少なく，月経前症候群や月経中の腹部痛，経血流出への不安感などに対する教員の理解や対応も十分とは言い難い。教職員においては，まずは月経に伴う心身の不調や生活上の困難を理解し，体育授業およびスポーツ活動時の適切な対応について検討を進めていく必要がある。その際，見学するなどの消極的な対応ではなく，児童生徒自身が身体の状態と向き合いながら取り組めるような方策を提案していくことが肝要といえる。また，月経についての教育も男女共習にて実施するなど，新たな取り組みを通して身体の性への理解を深める性教育を考える必要があるだろう。

（前川 真姫・宮本 彩）

引用・参考文献

1 ）石塚諭ほか（2020）保健体育授業における男女共習化が生徒の学びに及ぼす影響．宇都宮大学教育学部研究紀要70：pp. 277-289.

2 ）春名由美子ほか（2019）中学・高校女子生徒における初経発来からの月経状況とそれに伴う関連症状の推移について．東京女子医科大学雑誌79（12）：pp.516-524.

1 スノースポーツにおけるリスクの把握

（1）体育授業におけるスノースポーツを知る

　スノースポーツの魅力の1つに，大自然の中で味わう爽快感がある。晴れ渡った日に，雪煙を上げ，まだ誰の滑走跡もついていない雪面を滑る瞬間は，誰もが気持ちいいと感じるだろう。スノースポーツにはスキー，スノーボードだけでなく，スノースクート，スノーフィート，スノーカイトなど様々な楽しみ方がある。スキーやスノーボードは，エンジンのない"乗り物"としては最速であり，そのスピードをコントロールすることがスキーやスノーボードで求められる技術の1つと言える。雪山斜面を滑り降りる際は，重力によって，何もせずともスピードが増すため，学校体育においては，児童生徒らに，減速する技術やゆっくり滑る技術を確実に身につけさせることが最大のリスクマネジメントとなる。その技術があるからこそ，新しい技術に挑戦したり，爽快感を得たりすることができる。

　学習指導要領には，スノースポーツの取り扱いについて，「学校や地域の実態に応じて積極的に行うことに留意する」と示されている[1]。そのため，雪が多い地域では体育授業でスノースポーツが実施され，そうでない地域では修学旅行やスキー教室などの学校行事の一環として実施されていることが多い。新潟県の調査では，県内の小学校の50.0%，中学校の30.1%，高等学校の45.2%がアルペンスキーまたはクロスカントリースキーを授業または学校行事で実施していると報告されている[2]。また，特別支援学校でのスノースポーツ実施率は，中学部20.6%，高等部16.0%である[3]。学校体育でスノーボードを実施している学校は多くなく，高等学校や大学が実習形式で実施しているのが大半である。

　本稿は，学校体育でスノースポーツに携わる教員（特にスノースポーツが専門ではない教員）が安全にスノースポーツの授業を実施する上で必須となる注意義務や安全教育，安全管理について述べていく。なお，これ以降，基本的にアルペンスキーまたはフリースタイルビンディングが装着されたスノーボードを用いていることを想定して解説する。

（2）スノースポーツにおけるリスクを分析する

　日本スポーツ振興センターの学校事故事例検索データベースには，学校管理下でのスキーによる死亡事例が5件，障害事例が35件登録されている。学校管理下のスノースポーツの事故件数は他の種目に比べると多くはないが，死亡事例の発生率は高い。よって，最大限のリスクマネジメントが必要とされる。

　全国スキー安全対策協議会のスキー場傷害報告書によると，受傷者の割合は例年スキーが45％，スノーボードが55％である[4]。受傷原因として最も多いのはスキーヤー・スノーボーダーともに「自分で転倒」で，それぞれ77.3％，80.2％を占める。2番目に多い「人と衝突」は20.1％，14.1％であり，スノースポーツでは「自分で転倒」による怪我が圧倒的に多いことがわかる。「自分で転倒」した理由で最も多いのは，バランスを崩しての転倒である（スキー80.6％，スノーボード68.2％）。またスノーボードでは，ジャンプの失敗（9.4％），トリックの失敗（4.4％），逆エッジによる転倒（8.2％）がスキーよりも多いという特徴がある。

　スキーヤーが「自分で転倒」した場合に多い受傷部位と傷害は膝の捻挫，下腿の骨折，肩の脱臼，足首の捻挫である。スノーボーダーが「自分で転倒」した場合は，肩の脱臼，手首の骨折，頭部の骨折・打撲・切挫創が多い。これらをまとめると，スキーでは下半身の怪我，スノーボードでは上半身の怪我が多いことがわかる。スキーは片足ずつスキー板を装着しているため，転倒した際，スキー板が雪面と接触することであらぬ方向に力が働いてしまい，膝などの傷害を引き起こしやすい。スノーボードでは1枚の板に両足を固定しているため，転倒した場合にもスキーで生じるような膝などへのダメージは少ない。しかし，手にポールを持たないため，転倒の際に咄嗟に手を雪面に着いてしまい，上半身の怪我が多くなる傾向にある。

　図1にリスク評価表を示した。実習に携わる教員は，スノースポーツにおいて想定されるリスクの頻度（横軸）と影響度（縦軸）に応じた対応をとる必要がある。

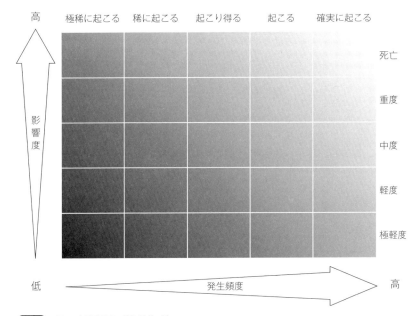

影響度 高 → 低

発生頻度 低 → 高

	極稀に起こる	稀に起こる	起こり得る	起こる	確実に起こる
死亡					
重度					
中度					
軽度					
極軽度					

図1 リスク評価表（筆者作成）

（3）スノースポーツにおける教員の注意義務を理解する

ここでは，スノースポーツを指導する教員の注意義務について，裁判例を紹介し，理解を深めていく。

判例1 安全な速度・滑走方法を指示しなかった例

・概要

　小学校のスキー教室に参加していた小学6年生の女子児童がスノーボード中の男性と衝突し，転倒。ドクターヘリで病院へ搬送されるも，その後死亡が確認された（広島地裁／和解成立　令和元年12月24日）。

・当時の状況

　事故当時，児童らは外部講師（以下，講師）や教員に先行してコースを滑走していた。講師は滑走前に，次が最後の1本になること，

フリー滑走にするので用心して滑ること，滑走後の集合場所を児童らに伝え，児童らをリフトへ乗車させた後，最後尾を務めていた教員とともにリフトへ乗車した。児童らはリフト降車後，講師および教員の到着を待たずに滑走を開始した。当該児童は，途中で2名の児童を追い越しながら滑走し，事故現場となったコースに差し掛かったところで，左側から滑走してきたスノーボーダーと衝突し，倒れた。スキー場パトロールが現場に到着した時にはすでに意識がなく，わずかに呼吸している状態であった。その後ドクターヘリが出動するも，搬送先の病院にて死亡が確認された。

・**裁判の経過**

事故を巡り，当該児童の両親が小学校の設置者（本件では町）とスノーボーダーに，スノーボーダーが当該児童の両親と町に損害賠償を求めて提訴したが，最終的には和解が成立した。過失割合は，町が4割，児童およびスノーボーダーはそれぞれ3割とされた。具体的には，事故が起きた際に，講師が児童らにコース選択や滑走方法を委ねたこと，講師より先行し滑ることを許可していたことから，町側は安全な速度や方法で滑走させる注意義務を怠ったとされた。一方，当該児童とスノーボーダーは，それぞれが上方・下方に注意し，衝突を回避できるような速度や進路選択をするべきであり，それぞれ注意義務を怠ったとされた。

筆者の見解では，事故が起こる前は，講師が先行し教員が最後尾を滑走するという安全に配慮された隊形であったが，最後の1本をフリー滑走としたことで，児童，指導者ともに安全配慮に対して気の緩みが生じたのではないかと考える。この事例のような事故を繰り返さないためには，参加者の年齢が低い場合は特に，たとえフリー滑走であったとしても滑走方法やコース選択に制限を設けることが必要であると考えられる。さらに加えると，フリー滑走時には児童生徒に先行する教員や，中間で監視する教員を配置することが望ましいと言える。

判例2 指導者のスノースポーツに対する知識と判断力が問われた例

・概要

　大学のスキー実習で，女子学生2名が閉鎖中のコースに侵入し，雪崩に巻き込まれた。心肺停止の状態で救助されたが，翌日，搬送先の病院で死亡した。非常勤講師（以下，講師）には，業務上過失致死罪で禁固3年・執行猶予4年が言い渡された（長野地裁松本支部／判決 平成24年11月2日）。なお，民事裁判でも損害賠償責任が認められた。

・当時の状況

　当該班を担当していた講師が引率し，閉鎖されていたコースに侵入した結果，雪崩に遭遇し，2名の女子学生が亡くなった。事故現場となったコースは当時，近くで小規模雪崩跡が見つかったことから立ち入り禁止となっており，コース幅いっぱいにオレンジ色のネットが張られ，立ち入り禁止の標識も出されていた。また，場内放送でも現場コースの閉鎖と立ち入り禁止が告知されていたが，事故調査報告書によれば，放送は場所によっては聞き取りづらいところもあり，また，雪崩の危険について聞き取れている者はいなかった。そのため講師は，コースの閉鎖は圧雪作業やコース整備によるものと思い，雪崩の危険性は認識していなかった。

・裁判の経過

　裁判では，「講師がコース閉鎖の理由を雪崩と予見できたかどうか」が争点となった。事故調査報告書には，コース閉鎖の理由が雪崩だと予見するのは難しかったことが指摘されているが，裁判では講師がスキー歴50年，指導歴30年であったことが重視され，同程度の経験がある人物が複数人，「コースが閉鎖されていれば雪崩の可能性が思い浮かぶ」と証言した。さらに裁判官は，「講師の供述どおり，コース閉鎖の理由が圧雪であると考えていたのであれば，スキーの基礎知識・常識を欠いたまま指導していたことになる」と述べた。

このことから，スノースポーツを指導する教員は，技術面の指導方法の
みならず，スキー場でのルールやマナー，雪崩などの危険に対する知識を
有していなければならないと言える。閉鎖されているコースや滑走禁止区
域に指定されている箇所に立ち入るということは，どんな状況であろうと
非常に危険で，絶対にしてはいけない行為であると認識しておきたい。

2 スノースポーツにおける安全教育

（1）安全な学習環境をデザインする

　『日本スキー教程安全編』では，スノースポーツに内在する危険として，
①自然環境 ②人工環境 ③スキーヤー／スノーボーダー自身に関する危険
が挙げられている[5]。このような危険に対する認識や回避方法は，スノー
スポーツの経験を重ねていくうちに身についていくものであり，未経験者
や初心者が，初めからこれらをすべて認識した状態で授業・実習に臨むこ
とはほぼないだろう。そのため教員は，児童生徒らがこれらの危険を未然
に回避できるように，周囲や雪面，コースの状況および天候を注意深く監
視し，状況に応じた指示を与える必要がある。

　スノースポーツには，大きく3つの指導形態がある。どの場合において
も，教員は危険を予見し，児童生徒がその危険を予測・回避できるように
指導をしていく必要がある。ここから，3つの指導形態それぞれについて
教員が知っておくべき事項を説明していく。

①教員が先行し，デモンストレーションを行う場合

　　教員は，周囲の状況を注意深く監視し，これから滑走するコースの周
　囲に，立ち木やリフト支柱などの障害物，地表が見えている箇所などが
　ないことを確認する。もし避けられない危険な箇所がある場合は，児童
　生徒らの技量で回避できるだけの十分なスペースを確保した滑走ライン
　を心がける。また，滑走前に，児童生徒が滑り出すタイミングを適切に
　指示しておく。たとえば，「先生が手（やポール）を挙げたら，上方や
　近辺に滑走中のスキーヤー／スノーボーダーがいないことを確認してか
　ら滑り出すように」と，毎回指示を出す。さらに，自身の滑走中にアイ

スバーンなど事前に察知できないような危険に気づいた場合には，児童生徒を滑走させる前に危険箇所を知らせ，その箇所を回避できるようなラインを指示する。

②教員の後に続いて滑走させる場合

　滑走中の教員が後ろ（自身よりも上方）の状況を確認することは困難なため，事前に「あの看板を過ぎたら次の人がスタート」「前の人が○ターンしたらスタート」のように，具体的に滑り出しのタイミングを指示する。児童生徒が途中で転倒したり，スピードをコントロールできず前方の児童生徒に衝突したりする危険性があるため，担当している児童生徒の技量に合った適切な間隔を考え，滑り出しの指示を与える必要がある。もちろん滑走中のスキーヤー／スノーボーダーがいる場合には，待ってから滑り出すように指示することも忘れてはいけない。ただし，濃霧などで視界が悪い状況下（図2）では，滑走距離が長くなると，後方の児童生徒と距離が離れ過ぎてしまい，教員を見失う危険性があるため，一度に滑走する距離は短めにすることが好ましい。

図2　スキー場での視界が悪い状況下

③児童生徒を先行させて滑走する場合

　児童生徒を先行させる場合，滑走前には視認できなかったアイスバーンなどに遭遇した際に児童生徒らが自ら対応することとなる。そのため，咄嗟に進路を変えたり減速したりできる技量が身についてから実施することが望ましい。また，先頭の児童生徒が指定した地点に停止できない場合，その後予定していたコース取りが行えなくなる可能性もあるため，技量が高い児童生徒を先頭に指定することが好ましい。

スノースポーツの実技講習は，1班あたり児童生徒 10 名前後，指導者 1 名で編成されることが多い。児童生徒の学年が低いほど，また初心者が多いほど，指導者 1 人あたりの受け持ち人数を少なくする必要がある。国立乗鞍青少年交流の家が公開しているスキー研修の手引きでは 1 班 12 ～ 15 名（小学校低学年の場合は 5 ～ 6 名，スノーボードの場合は 6 ～ 7 名）での編成を勧めている[5]。しかしこれは，経験のある指導員が担当する人数である。筆者の経験では，スノースポーツが専門ではない教員が安全かつ効率よく指導するには指導者 1 人に対し児童生徒 5 ～ 6 名（小学校低学年ではさらに少ない人数）が望ましいと感じている。しかしスキー教室などでは予算の制限があり，学校でも 1 班の編成人数を減らして班数を増やす余裕はないだろう。そこで，経済的かつ安全で効率的な指導を行うための体制として指導補助員の配置が考えられる。具体的には，所属教員や保護者に協力を依頼したり，大学ではスチューデントアシスタントを採用したりして，各班に指導者 1 名＋補助者 1 名をつけることが望ましい。

（2）安全な学習過程をデザインする

前述のとおり，スノースポーツにおいては，減速する技術や低速で滑走する技術を児童生徒に身につけさせることが最大のリスクマネジメントとなる。スキーであればプルークファーレンやプルークボーゲン，スノーボードであればサイドスリップや木の葉落とし（ヒールサイド，トゥサイドとも）は確実に身につけさせておく必要がある。ここでは，未経験者が減速・低速滑走の方法を身につける前に行われる段階的な指導の初期段階に重要となる事項を説明する。

雪上での指導は，まず平坦な雪上での移動（歩行や登行，方向転換，スケーティングなど）や転倒の仕方・立ち上がり方を身につけることから始まるが，怪我を防ぐという意味では，転倒の仕方・立ち上がり方が特に重要である。**本章の 1（2）**で紹介したように，スキーヤーに膝の怪我が多いのは，転倒した際に，板と雪面の接触によって膝を捻じるような力が働くためである。それを防ぐためには，転倒した際，板と脚を持ち上げ，板と雪面が接しないようにすることが重要である。一方，スノーボーダーは，

バランスを持ち直そうと手を出してしまったり，逆エッジによる不意の転倒で頭部を打ちつけてしまったりすることが怪我の原因であることが多い。よって転倒しそうなときは無理に手を出さないことと，頭部への衝撃緩衝のため受け身を取るような転倒の仕方を練習することが必要である。また，斜面上で転倒した状態から素早く立ち上がることも，確実に練習する必要がある。転倒したまま斜面に長く居座ることは後続の滑走を妨げることになり，ゲレンデのマナーに反するだけでなく，上方から視認しにくいような斜面・地形の場合には追突される危険性が高くなる。これに付随して，斜面を横切って移動できるようにしておくことも重要となる。

3 スノースポーツにおける安全管理

（1）用具・施設をマネジメントする

　学校体育で使うスキー・スノーボードの用具は，各家庭で用意する場合，学校所有の用具を使用する場合，レンタルを利用する場合が考えられる。レンタルの場合には，専門家がメンテナンス・点検を行っているが，家庭で準備した用具や学校所有の用具については，教員が児童生徒とともに，エッジの錆び具合など，どの程度メンテナンスがされてきたか，どれくらい前から使われている板なのかも確認しておくほうがよいと言える。

　スノースポーツの用具は，どれだけ大事に使用・保管していても経年劣化は避けることができないため，たとえば久しぶりに履こうとしたスキーブーツのバックルを締める際に，劣化していたプラスチック部分が破損することもある。経年劣化の注意が必要な用具としては，ヘルメットも挙げられる。日本スキー産業振興協会は3〜5年での交換を進めており，一度衝撃が加わったヘルメットは，その衝撃緩衝性が損なわれている可能性がある。他に経年劣化するものとして，ゴーグルやグローブも挙げられる。

　スノースポーツの用具は，使用後のメンテナンスも重要になる。その基本は，水分の拭き取りと乾燥である。乾燥が不十分だと，スキー板やスノーボードのエッジは錆び，ブーツやウェアにはカビが発生する。

（2）学習活動をマネジメントする

　ここでは，スノースポーツにおいて，教員がどのような対人管理を求められるのか説明していく。

①児童生徒の心身の管理

　スノースポーツ実施中，児童生徒は見た目以上に疲労しているということを教員は忘れてはならない。特に未経験者・初心者は慣れない用具を身につけ，雪上でバランスを取ったり，歩いたり，転倒して起き上がったりするなど，経験者よりも活動量，発汗量ともに多くなり，体力を消耗しているものである。よって，適宜休憩を取り，その際には水分をしっかりと補給させるようにしたい。学校で許されるならば，教員は，ポケットに飴やチョコなどを用意しておき，休憩時に配れば，児童生徒は糖分を摂取でき，元気を取り戻すだろう。

　汗をかいた時に注意したいのは，汗冷えである。汗冷えを防ぐためには，素肌の上に着る衣類の素材が重要となる。綿素材のシャツは，汗を吸収すると渇きにくく，濡れたまま着用していると，体温がどんどん奪われ低体温症に陥る可能性もある。そのため，素肌の上には，速乾性がある化学繊維素材のシャツを着ることが望ましい。このことは，授業・実習前に保護者にも伝え，確実に準備してもらう必要がある。

　宿泊を伴う場合，睡眠を十分に取らせることも体調管理をする上で重要である。また，十分に食事が取れているかや起床時の体調を確認するなど，他の宿泊を伴う学習と同程度，またはそれ以上の管理が求められる。

②児童生徒の行動の管理

　スノースポーツで怖いのは，児童生徒が知らないコースに迷い込んだり，コース外に出てしまったりして，はぐれることである。フリー滑走をさせる場合には，繰り返し注意を促すことはもちろんであるが，学年が低いほど，滑走してよいコースやリフトを制限し，目の届く範囲で自由に滑らせるようにしたい。また，天候が悪く視界が悪い場合に，気づかないうちにはぐれてしまうこともある。ゲレンデ内では必ず2人以上で行動・滑走させ，1人になる時間をつくらないようにすることも重要である。

　学校体育ではアルペンスキーやスノーボードの滑走技術習得を目標と

しているため，事故・怪我防止の観点から，講習中に行う場合を除いてジャンプやトリックを原則禁止とし，キッカーやレールなどがあるパークエリアの利用も禁止とすることが望ましい。

③ゲレンデでのルールとマナー

　学校体育におけるスノースポーツでは，学習目標の到達はもちろん，できる限り事故や怪我なく終えるという大前提が存在する。スノースポーツ実施中のリスクを最小限にするためにも，雪上に出る前に必ず安全に対する講習を行う必要がある。その内容には，全国スキー安全対策協議会の「国際スキー連盟による10のルール（10 FIS RULES）」[7]や，用具の取り扱いなどを含む必要がある。

4 スノースポーツにおける緊急時対応

（1）緊急事態の発生に備える

　スノースポーツに限らず，緊急事態が発生した場合には，初動の対応がその後の結果を大きく分けることになる。ここでは，初動を遅らせないために，教員がどのような備えをしておく必要があるのか説明していく。

　まず，実習の組織図と緊急時の連絡体制を整え，参加予定の教員だけでなく，学校で待機予定の教職員や保護者にも共有しておく。参加する教員の人数は必要最低限ではなく，余裕を持った人数を配置することが好ましい。できることなら救護担当の教員や，各班に指導者とは別に補助教員を1名ずつ配置できるとより安心である。また，実習主任の教員には班指導を担当させないようにすることが望ましい。もし実習主任が班指導を担当する場合には，実習主任と同程度に実習計画の全体を把握している者を統括責任者に置くようにする。そして，何かあった場合には確実に連絡が取れ，判断を下すことができるようにしておく必要がある。

　また，応急手当ができる程度のテーピングや包帯，一般的な市販薬は用意しておく。レンタルブーツが足に合わず，痛みが生じる場合もあるので，パッドなどを準備しておくと，痛みを和らげることもできる。宿舎に準備しておくことはもちろんだが，筆者の勤務する大学では，雪上講習中は実

習主任がファーストエイドキットを常に携帯するようにしている。

　児童生徒が講習中にはぐれてしまった時に備えて，校名が入った識別グッズを準備することが好ましい。本学では，講習中，学生に大学名の入ったゼッケン（**図3左**）を常時着用することを義務づけている。また，教員とアシスタント学生（**図3中央・右**）にも，識別用のベストやゼッケンを着用してもらい，他のスキーヤーやスノーボーダーの目につくように心がけている。中には，識別グッズとして，腕章やポールに取り付ける旗などを用意している学校もある。また，教員がゲレンデで目立つ色のウェアを着用しておくと，児童生徒が見つけやすくなる。

　雪上講習中に事故が発生した場合は，基本的にパトロールに救助を依頼するので，パトロールの待機場所と連絡先を，実習に参加する教員全員と共有しておく必要がある。児童生徒らは講習中に携帯電話やスマートフォンを持つことが認められていないと想定されるため，何かあったら最寄りのリフト乗降場や休憩所で救助の依頼をするように決めておくとよい。

　体調不良を訴えてきた場合には，教員で対応することが多いので，養護教員や校医，看護師も帯同していると安心である。また，宿舎近隣の病院の場所や連絡先は事前に把握しているとよいだろう。さらに，参加者が感染症に罹患した場合に備え，宿舎には隔離部屋を用意しておく必要がある。

　児童生徒には，濡れや紛失を防ぐために，保険証のコピーをウェアのファスナー付きポケットに入れておくように指示しておく。事故が起こった場

図3　識別グッズ

合には，ゲレンデから直接病院に向かう場合が多いため，携帯させること
が重要である。また，実習前には保険についても検討する必要がある。ど
の学校も学生教育研究災害傷害保険（学研災）や，日本スポーツ振興セン
ターの災害共済給付に加入していると思われるが，大学の場合は災害共済
給付には加入できないので，別途保険に加入することが望ましい。

（2）緊急時連絡体制

　図4は，本学の実習で用いている緊急時対応表を学校用に改変した例で
ある。緊急事態発生時に適切かつ速やかに対応するためには，各教員の役
割を明確にしておくことが必須である。さらに，各教員がどのように動け
ばいいのか，指示を仰がずに行動できるよう周知しておくことが望ましい。

【事故・怪我】

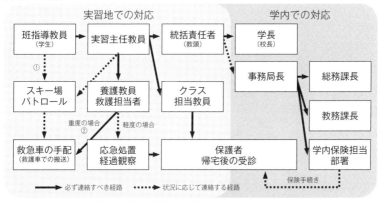

①教員のみでは手に余る緊急事態が発生した際には，パトロールへの連絡を最優先とする。
　その後の判断はパトロールに従い，その間に統括責任者や実習主任，指導教員で対応を検討する。
②早急に医師による診断が必要であると判断される場合は，救急車もしくは救護車で病院へ搬送する。
　それ以外は経過観察とし，応急処置を継続し，帰宅後の受診を指示する。

【天候不良】

図4　緊急時対応表（環太平洋大学体育学部作成，筆者改変）

（石村 和博）

引用・参考文献

1）文部科学省（2017）小学校学習指導要領（平成29年告示）．p.13.

2）新潟県「新潟県の学校体育」（令和３年度）．pp.16-20.
https://www.pref.niigata.lg.jp/uploaded/attachment/263810.pdf

3）日本障碍者スキー連盟（2019）特別支援学校でのスノースポーツ実施状況に関する実態調査報告書．p.5.

4）全国スキー安全対策協議会（2021）2020/2021シーズン スキー場傷害報告書.

5）国立乗鞍青少年交流の家（2021）スキー研修の手引き.
https://norikura.niye.go.jp/norikura/wp-content/uploads/R402skitebiki-1.pdf
（2022年9月20日閲覧）

6）全日本スキー連盟（2018）日本スキー教程安全編．山と渓谷社.

7）全国スキー安全対策協議会．国際スキー連盟による10のルール.
http://www.nikokyo.or.jp/files/libs/146/2021030081532569558.pdf
（2022年3月12日閲覧）

スノースポーツの
安全チェックリスト

単元開始前

- ☐ 教員は，ゲレンデマナーやルールを理解している
- ☐ 教員は，スノースポーツに内在する危険について理解している
- ☐ 教員は，児童生徒の健康，体力，技術レベルを把握している
- ☐ 教員は，用具の点検を実施している
- ☐ 組織図・緊急連絡体制が整えられている
- ☐ 教員は，緊急時対応について理解している
- ☐ 教員は，緊急時の退避場所を把握している
- ☐ 宿舎に隔離用の部屋が用意できている
- ☐ 教員は，近隣の病院や診療所について把握している
- ☐ 教員および児童生徒は傷害保険に加入している

毎授業時

- ☐ 緊急時に連絡が取れる体制が確立されている
- ☐ 教員は，児童生徒の健康状態を確認している
- ☐ 教員は，児童生徒の用具，服装を点検している
- ☐ ウェアに保険証のコピーが入っている
- ☐ 教員は，スキー場周辺の最新の天候，ゲレンデコンディション（閉鎖コース情報など）について把握している
- ☐ 教員は，児童生徒のレベルに合ったコースを把握している

コラム13
教育実習における受け入れ教員に必要な視点

　教育実習は，教職志望の学生が学校教育の実際を体験的・総合的に理解し，教員として必要な能力や適性を考えるとともに，教育実践ならびに教育実践研究の基礎的な能力と態度を身につけるものである。教育実習は「Ⅰ．観察実習」「Ⅱ．参加実習」「Ⅲ．授業実習」と３つの段階を踏み，最終段階として「研究授業」を設けることが基本的な形態である。

　教育実習におけるリスクマネジメントを考える際，昨今では実習生と児童生徒の連絡先の交換や学外での接触等，頭を悩ます問題は尽きないが，ここでは体育授業について，教育実習の受け入れ教員としての視点から述べる。

1　心構えの指導と実習生の能力の見極め

　まずは，心構えの指導である。実習生とは言え，実習現場では「先生」であり，当該校の教員に代わって授業を行うため，教員としての自覚を持たせることが重要である。また，実習中に判断に迷うことがあれば，指導教員や当該校の実習担当教員に指示を仰ぐように指導し，学校組織の一員としての自覚を持たせることも大切である。

　しかしながら，現在は大学３年時で教育実習に臨む学生も少なくないため，心構えがあっても実際の指導力には欠ける学生もいる。指導教員が実習生の能力を見極め，前述の教育実習の３段階の進度を調整しなければ，児童生徒の学びの質が担保できなくなるだけでなく，思わぬ事故や怪我が起こる事態にもなりかねない。したがって，たとえば観察実習の段階において，指導教員の実践している安全配慮について実習生がどの程度観察（理解）できているのかを授業後の問答で確かめることは，実習生の能力の見極めにつながる。また，授業実習の段階においても，実習生に，児童生徒１人ひとりの実態を把握・理解し，それに応じた学習指導を行うための教材研

究と学習指導案の作成をし，授業を行うという力が十分には備わっていない場合もある。したがって指導教員は，実習生の指導案について，安全管理の観点からも指導する必要がある。たとえば，学習課題が児童生徒の実態に合っているか。まだカエルの足打ちしか経験していない児童に補助なしの倒立をさせる指導案は危険であろう。他にも，学習場面の配置図について，生徒同士の距離が近く，ラケットが接触する可能性のある配置図になっていないか等を指導案の段階で確認しておく必要がある。さらに，授業前の施設や用具の点検についても，実習生に任せきりにせず，事前点検を一緒にしながら指導することが事故を未然に防ぐことにつながる。

2 授業場面での実習生のサポート

　実際の授業場面では，目につくことが生じれば，間髪入れずその場で指導・介入することも必要である。たとえば，ソフトボールのバッティング練習の際，指導案では，投げ手はトス後に防球ネットに隠れるとしていたが，実習生が授業時にその説明を忘れてしまったとする。そうすると，投げ手が防球ネットに隠れるという約束が共有されず，投げ手が隠れなかったために打球に当たるかもしれない。このような場面では，指導教員が介入し，実習生に指示を出すか，直接，児童生徒に指示を出して約束事を確認する必要がある。

　このように，実習生の受け入れにより日常的な教育活動では起こり得ない事象が生じないよう，実習期間のあらゆる時間・場所で細心の注意を払い，実習生を厳しく指導していくべきである。一方で，近い将来に現実の教壇に立つ若き人材に期待をかけながら「教師のやりがい」を諭すことで，温かくも指導していきたいものである。

（浅野 幹也・佐藤 正敏）

引用・参考文献

1 ）岡出美則・友添秀則・岩田靖（2021）体育科教育学入門［三訂版］．大修館書店．

1 マリンスポーツにおけるリスクの把握

（1）体育授業におけるマリンスポーツを知る

中学校・高等学校の学習指導要領，体育の「2内容」「内容の取扱い」には「（4）自然との関わりの深いスキー，スケートや水辺活動などの指導については，学校や地域の実態に応じて積極的に行うことに留意するものとする」[1)2)]とある。海に面している都道府県では，マリンスポーツを体育実技として実施している学校も存在する。これらは，動力を用いない活動（競泳，遠泳，自然を利用したヨット，ウィンドサーフィン，人力によるカヌーやライフセービング）を中心としており，動力を用いる（伴う）マリンスポーツ（水上オートバイ，水上スキー等）は該当しない。

海で行う体育実技には，プールと異なる様々な危険が存在する。たとえば，波や風，海水，安定しない水深，危険な海洋生物などである。しかし，指導者や児童生徒が正しい知識を習得していれば，海での活動のリスクは大きく軽減される。本稿では，マリンスポーツを楽しく安全に学校体育で実施するために必要な，海の特性や安全な学習環境の情報を提供する。

（2）マリンスポーツにおけるリスクを分析する

日本には，2021年時点で1,011か所の海水浴場が存在する[3)]。**表1，2**は，過去3年間の水難事故の発生数と場所別の死者・行方不明者数[4)]である。

海上保安庁によると[5)]，海での事故は魚とり・釣りに次いで遊泳中が多いとされている。2020年の海での遊泳中の事故者数は231人で，このうち死者・行方不明者数は73人である。事故の内容別では，溺水と帰還不能が全体の9割を占める（**図1左**）。また，遊泳中の事故は海水浴場のみで発生するとは限らない。事故の発生場所別では遊泳可能な海水浴場以外における事故が8割以上を占めているからである（**図1右**）。

海水浴場とは「更衣所，洗面所，便所，監視所及び救護所が海水浴場の規模に応じて設置されていなければならない」[6)]とされている。そのため，マリンスポーツを実施する際は，ライフセーバーや監視員等が配置され，適切な安全管理が行われている海水浴場を選ぶことが求められる。また，

表1 過去３年間の水難事故数（『令和２年における水難の概況』より）

	平成 30 年		令和元年		令和 2 年	
	総数	子ども	総数	子ども	総数	子ども
発生件数（件）	1,356	133	1,298	118	1,353	117
水 難 者（人）	1,529	193	1,538	190	1,547	176
死者・行方不明者	692	22	695	30	722	28
死　　者	679	22	674	30	708	28
行方不明者	13	0	21	0	14	0
負 傷 者	301	53	285	50	255	32
無 事 救 出	536	118	558	110	570	116

表2 場所別死者・行方不明者数（『令和２年における水難の概況』より）

	平成 30 年		令和元年		令和 2 年		割合
	総数	子ども	総数	子ども	総数	子ども	
海	371	3	378	9	362	5	50.1%
河川	197	10	225	15	254	18	35.2%
湖沼地	51	3	23	2	34	1	4.7%
用水路	66	4	57	2	61	3	8.4%
プール	1	1	6	2	3	0	0.4%
その他	6	1	6	0	8	1	1.1%
合計	692	22	695	30	722	28	

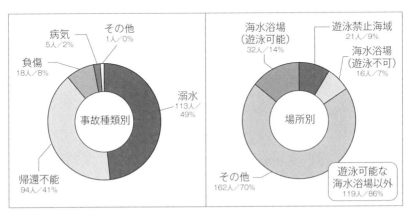

図1 令和２年度の遊泳中の事故発生状況
（『令和３年 海上保安庁ウォーターセーフティガイド』より）

単独行動は避け，岸から離れすぎないことが重要である。ここからは，マリンスポーツを実践する際の自然現象のリスクを分析する。

①気象・海象

　マリンスポーツの授業を安全に行うためには，指導者が十分に海の危険性を認識しておく必要がある。そのために大切なことは「気象」「海象」を知ることである。海における物理学的・化学的・生物学的な諸現象を総称して「海象」と呼ぶが，「海象」の多くは「気象」に基づいている[7]。

　気象・海象に関する情報は，インターネットやアプリの普及により，誰でもどこでも最新情報を取得することが可能となった。こうした変化により，リアルタイムで海の状況を把握することができるようになり，マリンスポーツの事故防止にも大きく貢献している。

　海水浴場における溺水事故の60％がリップカレント（離岸流）によるもの[8]とされ，リップカレントに流されるとオリンピック選手でも逆らって泳ぐことは困難と言われている[7]。リップカレントとは，波が生じ，岸に次々と打ち寄せられて運ばれてくる海水が岸と平行あるいは沖に向かう流れ（**図2**）をいう。波には，「風の強さ」「距離」「時間」の3つの条件があり，強い風が長い距離で長時間吹くほど大きな波が発生する。波は，専門的には「波浪」[9]といい，波浪は風波とうねりの総称である。

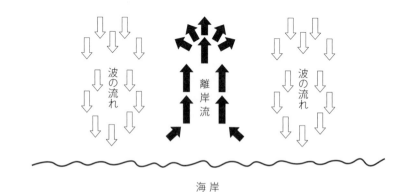

海　岸

図2　リップカレント（離岸流）

また，空気は気圧が高い所から低い所へ流れるが，これが風の正体である。海岸付近では地上と海上付近の空気の流れ（風）が生じる。これがオンショア（海風）とオフショア（陸風）である。オンショアとは「海から陸に向かって吹く風」であり，オフショアとは「陸から海に向かって吹く風」である。また，風が発生することによって波が生まれるのである。

　リップカレントに流されると，恐怖感からパニックに陥り，岸に向かって必死で泳いでも戻れず，疲労から溺水してしまうケースも多い。また，リップカレントは波高が低く一見安全に見えることから，その危険に気づかない人も多い（図3）。リップカレントに流されてしまった場合は，流された者の泳力によって異なる方法で対処する[10]。泳力のある者は浜に向かって斜め45度の角度で泳ぐことで抜け出すことができる。一方，泳力のない者は浜に対して平行に泳ぎ，リップカレントがなくなる（波が砕けている）ところまで移動したら，浜に向かって戻るとよい。

②海の危険生物

　プールと異なり，海という自然で行うマリンスポーツには，活動中に多種多様な生物に出会うという楽しみがある一方で，危険生物に遭遇する可能性もある。海の危険生物に刺されたり噛まれたり自ら触れてしまうことで，アレルギー反応ひいてはアナフィラキシーショックを起こした場合は，最悪，意識不明や死に至ることもある。

図3　リップカレントが発生し，一部遊泳禁止にしている海水浴場

沿岸部では7〜10月の海水浴の時期に海岸にクラゲ類が発生することがある。特に台風などの悪天候の日の翌日は，漂流個体による事故も相次ぐ。代表的な個体はカツオノエボシ（別名「電気クラゲ」，**図4**）であり，触手の細胞毒は強力で，刺されると時に頭痛や吐き気，呼吸困難，ショック症状に陥り，死亡した事例もある[11]。刺された際の処置としては，速やかにピンセットなどで触手を取り除き，患部を42〜45℃の湯などで温める。湯がない場合は氷のうなどで冷やす。なお，ハブクラゲやサンゴの被害にあった時は患部に酢をかけることが有効であるが，カツオノエボシやウンバチイソギンチャクに刺された際は酢をかけてはいけない。また，真水をかけると症状が悪化するため，禁忌である[11]。他にもクラゲに刺された場合（アカクラゲ，アンドンクラゲ，カギノテクラゲなど。前述のハブクラゲは除く）は，カツオノエボシ同様，速やかに触手を除去し，温浴または冷却する。

　こうした危険な海洋生物の被害を少なくするためには，マリンスポーツを行う際，ラッシュガードやウェットスーツを着用する等，肌の露出を少なくすることが望ましい。手にはマリングローブを着用し，足もウォーターシューズや古い運動靴など，滑りにくく底が厚い，可能ならくるぶしまで隠れるものを着用すると安全である。

図4　カツオノエボシ

（3）マリンスポーツにおける教員の注意義務を理解する

　ここでは，体育授業などでのマリンスポーツにおける事故に関する裁判例から，指導者の安全配慮義務，監視義務について説明する。

判例 1 ▷ 監視員が安全配慮義務を果たしたと認められた例

・概要

中学 2 年生男子が少年野球チームのレクリエーションとして行われた海水浴中に溺れ死亡した。当該生徒は中学生であり，事故当日の状況に即して言えば，一般的には，海に入るにあたって海の危険や深みのある場所の目安等については本人が想定できるものであり，監視・救助業務を行う者に故意・過失が存在しなかった（大阪高裁／判決 平成 27 年 9 月 3 日）。

・当時の状況

現場は，整備された正規の海水浴場であり，ライフセーバー等の監視員や監視船の配置等，事故に関する相当程度の監視体制が敷かれていた。また，事故当時の波高は約 10cm で，海の状況は穏やかであった。

判例 2 ▷ 教員が安全配慮義務を怠ったとされた例

・概要

小学 5 年生の女子児童が，小学校で実施された臨海学校の水泳練習中，沖合から浜まで戻る約 300m のコースを泳ぐ予定であった。しかし，折り返しを過ぎて 30m ほどの地点において，動きが止まっている当該児童を教員が発見し，救出され，船で陸に戻ったところ養護教諭によって心肺停止状態であると判断された。その後，病院に輸送され治療を受けたが，2 日後に死亡が確認された（広島地裁福山支部／判決 平成 28 年 6 月 22 日）。

・当時の状況

当該小学校の臨海実習は 2 泊 3 日で行われる予定であった。当該児童は，実習前日には体温が 36 度だったが少し頭が痛いと訴えており，実習 1 日目には体温が 37 度 1 分であったことを教員に報告した。しかし，この教員は職員ミーティングで，当該児童の状況を報告しなかった。そして実習 2 日目に事故は起こった。裁判を通じて死因は溺死（溺水による窒息死）とされた。この事例

は，教員が当該児童の体調を踏まえた上で休養を提言しなかった
ことや他の教員に伝達を行っていなかったこと，溺死した児童の
発見時間の遅さ，応急処置などの対応などから安全配慮義務を
怠ったとされた。

以上のように，マリンスポーツを学校内外で行う際は，安全管理の体制
を敷いているか否か，事故発生時の対応は適切か否かが重要となる。

2 マリンスポーツにおける安全教育

（1）安全な学習環境をデザインする

指導者は，児童生徒に，身体のみならず心も万全にした状態で臨むため
に，健康管理に努めるよう指導する。健康管理としては，十分な睡眠を確
保すること，食事をしっかり摂ること，（大学生の場合，飲酒・喫煙は避
けること）等が重要である。また，普段から基礎的な体力をつけておく必
要がある。マリンスポーツでは，水中で泳ぐことはもちろん，機材を背負っ
て歩いたり泳いだりすることもあるため，普段から心肺機能を高める運動
（ウォーキング，ジョギング，水泳など）を行っておく。

水温が低いと低体温症や心筋梗塞なども起こり得るため，ウェットスー
ツを着用して保温効果を上げることも必要である。ウェットスーツは，厚
すぎず薄すぎず，実際に入る海の水温に適したものを選ぶことが望まし
い[12]。一方，高温環境下では通常よりも多くの水分が身体から失われる
ため，こまめな水分補給が必要である。他にも，直射日光に含まれる紫外
線は人体に様々なダメージをもたらす。そのため，肌の露出を最小限に抑
え，入水時以外は帽子を被る，サングラスを着用する，日陰で過ごす，日
焼け止めクリームを塗る等の対策を行う。

マリンスポーツを実践する場合，少なくとも1週間前から天候のチェッ
クを行うことが望ましい。また，天候のみならず，風，波の高さ，リップ
カレント，潮汐周期（満潮，干潮），警報・注意報，水温，紫外線のチェッ
クも行い，児童生徒に海象状況を理解させる。当日も，自身の目で海岸を

観察，確認し，潜むハザードを確認する。また，海岸のごみなどもできる限り取り除く。

（2）安全な学習過程をデザインする

マリンスポーツの活動前には，プールのような深さが一定の場所を用いた学習が必要である。マリンスポーツは，速く泳ぐことよりも長く浮いたり泳いだりすることを学習することが大切である。そのためには，手先から足先までを一直線にした「ストリームライン」という流線型の姿勢を作ることがすべての泳法において重要である[13]。ストリームラインを維持したまま，クロールや平泳ぎを行い，必要に応じてプル動作を入れ，リズミカルに推進力を意識して泳ぐ能力を身につける。推進力を意識することで，スピードを上げ，楽に泳ぐ能力が身につくためである。

また，水難事故に備えて，児童生徒に着衣したままでの水泳を体験させることも重要である[14]。現実に水難事故は，着衣のまま発生することが多いためである。指導内容は一般的に「着衣泳」として知られ，着衣のままでの水泳は，水の抵抗を大きく受け，泳力が優れている者であっても思うように泳ぐことができないことから，速く泳ぐことを強調せず，長い間浮くこと（浮き身）の練習が大切であることを認識させる。

遠泳練習をプールで行う場合，児童生徒は列を作り，足がぶつからない程度の距離を空け，列が崩れないよう，ヘッドアップで平泳ぎを50m以上繰り返し泳げる能力を身につけさせる。列をつくる際に指導者は，最前列および最後尾に泳力の高い児童生徒を配置し，泳力の低い児童生徒を内側に囲むよう編成する必要がある。

器材を使用した練習をプールで行う場合，指導者は児童生徒に一般的な泳力を身につけさせる。ここでいう一般的な泳力とは，背浮きや伏し浮き，キック（バックキックやドルフィンキック）ができることや，100m以上を続けて泳ぐことができることである。

ここから，『スキンダイビング・セーフティ』[15]を参考とした，プールおよび海での学習過程例を示す。

①プールでの学習過程

　a. 点呼・バディの確認：児童生徒がお互いに体調を確認する。

　b. 準備運動：バディの様子を見ながら準備運動を行う。

　c. 器材の確認：器材を使用する際は，必要な器材を確認する。

　d. 水慣れ：身体をゆっくり動かして，生理的・心理的な準備を促す。

　以降は，スノーケルを使用する場合の学習過程である。スノーケルを使用しない場合は，「i. 水面泳」に飛ぶ。

　e. キック：フィンを使用する場合は，歩き方や立ち上がり方も確認する。

　f. スノーケル：スノーケルを装着し，くわえ方や呼吸の仕方を練習するとともに，実際に泳いで，水面での呼吸方法を身につける。

　g. スノーケルクリア：パイプの中に水が入ってしまった場合，継続した呼吸が困難になるため，排水を行う。

　h. マスククリア：マスクに水が入ってしまった場合や曇ってしまった場合に水を入れて排出する。

　i. 水面泳：バディの位置を確認しながら，水面をゆっくり泳ぐ。

　j. 着脱泳：フル装備で泳ぎながら，器材などを水の中で着脱する。水の中で器材などが外れた場合の感覚を身につける。

　k. エキジット：プールから退水後に，バディによる点呼と体調確認をし，軽く整理体操を行う。

②海に出た時の学習過程

　a. 点呼・バディの確認：児童生徒がお互いに体調を確認する。

　b. 準備運動：バディの様子を見ながら準備運動を行う。砂浜を軽く走ってもよい。

　c. 器材の確認および装着：必要な器材を確認し，装着する。以降は，海から退水するまで器材が外れることのないよう，しっかり装着する。

　d. エントリー：波の影響が少ない場所から，ゆっくり水に入っていく。

　e. 水慣れ：海に入り身体をゆっくり動かし，生理的・心理的な準備を促す。

　f. 実践：マリンスポーツを実践する。

　g. エキジット：海から退水する。器材は，完全に退水するまで装着し

ておく。バディによる点呼と体調確認をし，軽く整理体操を行う。

h. 洗浄：海で使用した器材を真水でしっかりと洗って乾燥させる。

i. 振り返り：自然体験活動では「振り返り」を行って，体験者の学びを概念化，一般化することが望ましい。また，この活動は，リスクを再確認することにもつながる。

3 マリンスポーツにおける安全管理

（1）器材・海水浴場内の施設をマネジメントする

　学校体育で実践するマリンスポーツの中で使用する器材として多いものは，ウェットスーツ，フィン，スノーケル，カヤックなどである。器材への依存度が高い種目ほど，器材や施設のメンテナンスが重要となる。指導者は器材のメンテナンスを事前に行い，セットアップ（準備）し，また，当日の器材トラブルに備えて，複数の予備を準備しておく。

　器材を使用した後は，砂を落として真水で洗い，破損の有無を確認する。スノーケルではゴーグルのレンズに傷がついていないか，マスクの接着部分のゴムが破れていないかを確認する。フィンも同じくゴムが破れていないかを確認する。スノーケルは，マウスピースに砂が入っていないか，噛む部分が破れていないか，呼吸，排水が可能かを確認する。もし器材が破損や消耗した場合は，その日のうちに必ず新しい物を補充し，破損した器材は速やかに修理する。

　ウェットスーツを使用した場合は，同じく真水で砂を落として洗う。洗濯機の使用は生地の傷みや変色・型くずれの原因になるため，手洗いが基本である。塩分を残すと生地が硬化し傷むため，早めに洗う。

　海水浴場内の施設を使用する際は，事前に行政の担当課などに日時や人数，使用場所を伝えておく。これらに加えて，児童生徒の数に応じて監視員やライフセーバー等を配置させる。また，行政等で管理されている海水浴場で授業を行うことが重要である。

（2）学習活動をマネジメントする

　児童生徒が活動を行う際，指導者は指導体制を確立し，安全面に留意して指導実践を行う。その際，各班に指導者2人以上を前後（可能なら4人以上を四方）に配置し，陸上においても1人以上での監視活動を行う必要がある。指導者は監視塔，砂浜付近，海上等に配置し，児童生徒の活動を常に注視する必要がある。なお，プールでは20人の児童生徒に1人，海では10人の児童生徒に1人の監視員が望ましい。

　監視する指導者の目的は重大事故やその兆候の早期発見であり，集中力と忍耐力が必要である。指導者は，十分な睡眠を確保し，集中力を継続するために30分〜1時間のローテーションを組む。順番に交替することで，眠気や集中力切れなどが解消され，事故の早期発見につながる[10]。

　監視の留意点としてまず，監視塔は死角が生まれないような場所に配置しなければならない。また，日差しが強いと集中力を維持して監視を行うことが困難であるため，帽子やサングラスを着用する。他にも，拡声器や各所に連絡を取るための通信機器を配置しておく。さらに，安全管理に必要な用具として，救助器材（レスキューボード，レスキューチューブなど），応急手当器材（ファーストエイドボックス，真水など）を配置する。

　次に，海上パトロールを行う者は，事故が起こった場合に救助者になることが多いため，船にはレスキューチューブを配置し，他にも監視者の指示を聞けるよう無線を配置しておく。また，海上に出ていることから監視者よりも波や風，リップカレントに気づきやすいため，児童生徒が安全に学習できるように，波や風の状況を随時，監視塔や監視本部に伝達する。

　もちろん，早期発見できた場合でも，速やかな処置が行えなければ意味がない。監視者には，常に最悪の事態を想定し，冷静かつ正確で速やかに対応することが求められる。

4 マリンスポーツにおける緊急時対応

（1）緊急事態の発生に備える

　事故が発生した場合，指導者や監視者は救助活動を行うため，事前に適

切な救助方法を理解し，救助技術を身につけておかねばならない。指導者や監視者は溺水をはじめとする事故を未然に防ぐため，気象状況や小さな事故のデータを分析し，事故の発生を想定しておく必要がある。

　次に，実際に事故が発生した場合である。救助者は3つの原則を守る必要があり[10]，優先度の高い順に「安全」「確実」「迅速」である。まず「安全」については，救助者自身と事故に遭った児童生徒の安全確保（二次事故の防止）である。どのような救助になろうとも，救助者自身が命を落としてはならない。次に「確実」は，確実に遂行できる救助方法を救助者が選択することである。最後に「迅速」は，できる限り速やかに救助を行うことである。呼吸停止や心停止の溺者を救助する場合は一刻を争うため，いち早く退水させて心肺蘇生を行わなければならない。

　救助には様々な方法があり，大きく分けると「水に入らず泳がない救助」「水に入るが泳がない救助」「水に入り泳ぐ救助」である。また，救助の際には様々な器材を使用することで救助の安全性を高めることもでき，ライフセーバーが使用する器材としてはレスキューチューブやレスキューボードがよく見られる。

　指導者は非常時に備え「担架，ファーストエイドボックス（応急処置器材），応急手当用の洗浄水，無線機，拡声器，AED，監視塔および監視台」等を準備しておく[10]。ファーストエイドセットの中身の例として「入れ物（ポーチ），はさみ，ピンセットや毛抜き，テープ，三角巾，滅菌ガーゼ，絆創膏，綿棒，消毒液，塗り薬，酢，水（真水）」が挙げられるが[11]，当然ながら状況に応じて必要物は異なる。

（2）緊急時の連絡体制

　緊急時に情報伝達の中心的機能を果たすのは監視本部である。監視本部は，通信機器を用いて指導者や監視塔，海上パトロールから事故の報告を受けると速やかに対策を指示し，場合によっては医療機関，消防機関，警察機関，海上保安機関といった外部組織・機関と連絡をとる。もし監視塔で対処できる事故の場合は，必要な応急器材や救命器材を確認し，必要に応じて補充，交換を行う。また，施設の使用前に組織図や緊急連絡時の対

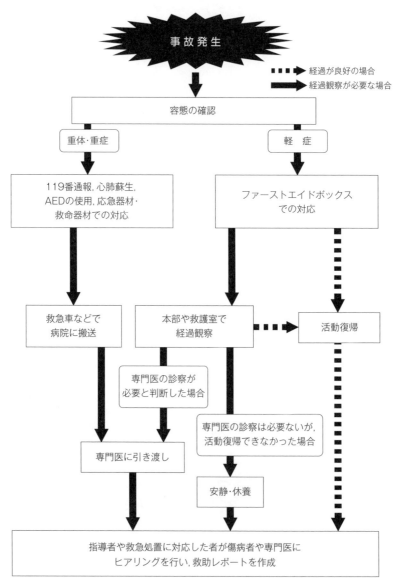

図5 マリンスポーツの緊急連絡体制（筆者作成）

応を指導者同士で共有し，各自の役割を理解させる。

　最後に，最寄りの病院を確認しておくことである。慣れない場所でマリンスポーツを実施する際は，周辺の病院の所在地，電話番号，診察時間などを調べておくとよい。

　左に緊急連絡体制を示す（**図5**）。

（和所 泰史）

引用・参考文献

1）文部科学省（2018）中学校学習指導要領（平成29年告示）．p.126．東山書房．
2）文部科学省（2019）高等学校学習指導要領（平成30年告示）．p.445．東洋館出版社．
3）矢野恒太記念会（2021）データでみる県勢2022年版．矢野恒太記念会．
4）警察庁生活安全局生活安全企画課（2021）令和2年における水難の概況．
5）海上保安庁（2021）令和2年 海難の現況と対策 ～大切な命を守るために～．
6）海水浴場に関する条例 第32号（昭和41年7月1日）
7）サーフレジェンド監修（2020）マリンスポーツのための海の気象がわかる本：知っておきたい55の知識．メイツ出版．
8）日本ライフセービング協会．溺水事故の60％がリップカレント．https://jla-lifesaving.or.jp/watersafety/ripcurrent/（2022年2月10日閲覧）
9）気象庁．気象庁が天気予報等で用いる予報用語．https://www.jma.go.jp/jma/kishou/know/yougo_hp/mokuji.html （2022年2月10日閲覧）
10）日本ライフセービング協会編（2018）サーフライフセービング教本．大修館書店．
11）NPO法人 武蔵野自然塾編（2017）危険生物ファーストエイドハンドブック海編．文一総合出版．
12）後藤ゆかり（2014）潜水事故に学ぶ安全マニュアル100．水中造形センター．
13）日本水泳連盟編（2019）水泳指導教本（三訂版）．pp.232-234．大修館書店．
14）文部科学省（2014）学校体育実技指導資料第4集：水泳指導の手引（三訂版）．pp.133-135．アイフィス．
15）岡本美鈴・千足耕一・藤本浩一・須賀次郎（2019）スキンダイビング・セーフティ（2訂版）．pp.38-46．成山堂書店．

マリンスポーツの
安全チェックリスト

単元開始前

- ☐ 教員は，実施場所，コース，時間といった授業予定を理解している
- ☐ 教員は，気象・海象状況を把握して，安全に学習ができる状況と判断している
- ☐ 教員は，授業に必要な器材の数や安全性について理解している
- ☐ 教員は，事前に児童生徒の既往歴を把握している
- ☐ 教員は，事前に児童生徒の泳力を把握している
- ☐ 教員は，緊急時の対応について理解している

毎授業時

- ☐ 教員は，児童生徒の健康状態を確認している
- ☐ 教員は，気象・海象状況を児童生徒に伝え，理解させている
- ☐ 教員は，実施場所，コース，時間を児童生徒に伝え，理解させている
- ☐ 教員は，バディの確認・点呼を行っている
- ☐ 教員は，正しい器材の使い方を説明し，児童生徒に理解させている
- ☐ 教員は，児童生徒が正しく器材を装着していることを確認している
- ☐ 教員は，入水時に児童生徒に異常がないかを確認している
- ☐ 教員は，児童生徒全員を視野に入れ，異変に気がつける状態となっている
- ☐ 教員は，児童生徒にこまめに声をかけている
- ☐ 教員は，児童生徒が安全に退水していることを確認している
- ☐ 教員は，児童生徒が正しく器材を外しているかを確認している
- ☐ 児童生徒は，使用した器材を真水で洗浄している
- ☐ 児童生徒は，使用した器材の破損状況を確認し，破損していた場合は破損内容を教員に報告している

コラム14
体育主任が果たす役割

　体育主任は，保健体育分野の授業の総責任者となり，他の教科主任と調整しながらその学校のカリキュラム編成を検討した上で，保健体育科の年間指導計画を立てる。また，他の保健体育科教員が怪我や事故を起こさず授業ができるよう環境整備をしていくことも，体育主任の大事な務めと言える。

1　体育授業をリスクマネジメントする

　体育授業のリスクマネジメントで最も基本的なことは，施設・設備，用具・教具の安全性を確認することである。その競技を専門とする教員がいれば点検してもらってもよいが，その場合，体育主任は「点検したかどうか」をチェックする必要がある。具体的には，グラウンド，体育館，武道場などの施設・設備に不良がないかどうかを点検する，または点検したことを担当者に確認するということである。さらに，使用する用具（ボール，支柱，ゴール，ネットやラケット等，武道では畳，竹刀，防具等）の定期的な点検，もしくは点検したことのチェックである。また，体育授業を行う教員全員が「AED，救急箱，ストレッチャー等がどこにあるかを把握しているかどうか」「緊急時対応できるかどうか」をチェックすることも重要である。

　次に，授業内容（活動内容）のチェックがある。周知のとおり，体育授業は部活動と違い，技術・技能の向上や勝ち方を教えることが目標ではない。目標とすべきは，様々な運動・スポーツの面白さや機能的特性を伝え，児童生徒たちを生涯スポーツに導くことである。したがって「児童生徒の運動能力，運動経験に即して各授業の単元計画が作成されているかどうか」「児童生徒の目標レベルに合わせた段階的な授業内容になっているかどうか」をその授業の担当教員と検討することも必要である。また，「授業中の気象状況（雨・

風・雷等）の変化に臨機応変に対応できるよう準備しているか」を
チェックする必要がある。

2　体育的行事をリスクマネジメントする

　体育的行事と言えば，体育祭（運動会），球技大会，水泳大会，
マラソン大会等が挙げられる。中には各学校の伝統的な体育的行事
もあるだろう。これらの行事においても，たとえ全体の責任者でな
くても，行事の安心・安全面での調整役を担うことが多いのが体育
主任である。たとえば体育祭においては，生徒会の生徒が考案した
通常の体育授業では扱わない種目を採用することがあり，その種目
の安全性について生徒が体育主任と相談することも多い。その場合
には，「その種目自体が安全かどうか」「用具が安全なものかどうか」
をチェックすることが重要である。

　筆者の高校教員時代，生徒が体育祭で怪我をしたことがあった。
「竹取物語」という，グラウンドの両側から生徒が走っていき５ｍ
くらいに切った竹を自分の陣地に引き込む種目であったが，竹を引
き合う際に一方が手を滑らせ，もう一方の生徒が竹を勢いよく退け
てしまい，竹の切り端が生徒のおでこを直撃し，顔面を縫う事故が
発生してしまったのである。竹の切り端を布や柔らかいスポンジで
巻いておくという安全策を取っていれば起こらなかった事故であ
る。体育授業同様，行事で使用する用具，道具には細心の注意を払
う必要があると実感した出来事であった。

　行事に限らないが，事故発生時の対応への体制の構築，たとえば
児童生徒の緊急連絡先，学校への連絡経路，応急処置の仕方，自然
災害時の対応等を含めて，全教員に周知しておく必要がある。その
周知の方法や教員の研修の企画運営を養護教諭と協力して実践して
いくことは，体育主任の重要な仕事である。

（平田 佳弘）

第9章

体育的行事の
リスクマネジメント

1 体育的行事におけるリスクの把握

（1）体育的行事とは

中学校学習指導要領（平成29年告示）において特別活動は学級活動，生徒会活動，学校行事に大別され，体育的行事は学校行事の中で健康安全・体育的行事として位置づけられている。その内容として「心身の健全な発達や健康の保持増進，事件や事故，災害等から身を守る安全な行動や規律ある集団行動の体得，運動に親しむ態度の育成，責任感や連帯感の涵養，体力の向上などに資するようになること」[2](p.165)が示されている。また，学校行事に属することから，全校または学年を単位として実施されることが特徴である。一方，中学校学習指導要領解説保健体育編[3]では，3年間を見通した学習計画について，次のように述べられている。すなわち，「体育分野及び保健分野の指導内容の関連を踏まえること，体育・健康に関する指導につながる健康安全，体育的行事等との関連について見通しをもつなど，保健体育科を中心とした『カリキュラム・マネジメント』の視点から計画を立てること」（p.22）が重視されている。つまり，体育的行事と保健体育科の学習では，学習集団が異なる場合があるものの，これらの内容は有機的につながることが求められるのである。

体育的行事の具体的な活動としては，体育祭，球技大会，水泳大会，強歩大会や持久走大会などが挙げられる。これらはいずれも唐突に開催されるのではなく，それに向けた練習や，準備・片付けといった運営面も学習活動に含まれる。また，学校外で実施されることもある。場面としても活動としても，普段の授業では体験できない内容であるがゆえに，児童生徒たちにとっては大変魅力的である。しかしながら，その非日常性にはリスクも同居しており，非日常性から生じる魅力を維持しながらリスクを低減するためには，体育的行事に潜在するリスクを把握する必要がある。本章では，そのリスクを概観し，対策について考えていきたい。

（2）体育的行事におけるリスクを分析する

日本スポーツ振興センターの「学校の管理下の災害〔令和3年版〕」に

よると，令和2年度の学校行事における負傷・疾病は 19,074 件確認されている。そのうち体育的行事に関わる区分では「運動会・体育祭」（5,176件）が最も多く，「競技大会・球技大会」（4,178 件），「その他健康安全・体育的行事」（1,832 件）が続く。校種別に見ると，小学校では「その他健康安全・体育的行事」が 836 件と最も多く，負傷別では挫傷・打撲（590件），骨折（559 件），捻挫（460 件）の順に多くなっている。中学校では「運動会・体育祭」が 2,517 件と最も多く，負傷別では挫傷・打撲（1,375 件），骨折（1,243 件），捻挫（870 件）の順に多くなっている。高等学校では「競技大会・球技大会」が 2,932 件と最も多く，負傷別では骨折（1,637 件），挫傷・打撲（1,487 件），捻挫（1,356 件）の順に多くなっている。このように負傷が多く発生する区分は校種ごとに異なったが，頻発する負傷の種類は概ね同様の傾向が見られた。他方，発生件数は多くないものの，脱臼や靭帯損傷・断裂は上位の校種になるほど高くなる傾向が見られた。

続いて，学校事故事例検索データベース[*1]を用いて，体育的行事における死亡・障害事故の状況を確認する。平成 17 年度から令和2年度までの期間に，死亡事故は 32 件，障害事故は 161 件発生し，死亡事故のうち 15 件は学校外で発生している。持久走大会や駅伝大会における走行中または走行前後に突発的に生じた事故の他に，駅伝の応援を終えてから帰校している最中に軽自動車にはねられる事故も生じている。障害事故 161件の内訳は，歯牙障害（37 件）が最も多く，外貌・露出部分の醜状障害，精神・神経障害（各 29 件）と続いている。歯牙障害は，ソフトボールやバスケットボール等の球技大会においてボールや用具が顔面に接触することによって多数発生している。外貌・露出部分の醜状障害の具体例として，体育祭の競技（ムカデリレー）練習中にチーム全体で転倒し，他の生徒の下敷きになった事例があり，他者との衝突やそれによる転倒が原因になっている。また，精神・神経障害では，ボールが頬に当たったことで頭痛や高次脳機能障害が残存するように，物理的な力によって発生した事例もあれば，長距離走終了後，唐突に意識を失い，脳梗塞になった事例もある。

以上のように，体育的行事におけるリスクは，体育的行事が内包する活動の多様さから一定の傾向を導くことは難しいように思われるが，障害事

故の原因として，他者との衝突やそれによる転倒が見出されたのは確かである。一方で，体育授業や部活動等では，様々な研究や実践の積み重ねにより日々の安全教育によって児童生徒が予測できる衝突や転倒の範囲が拡大しているにもかかわらず，行事に割かれる時間数は限られており，安全教育の機会も同様に限られている現状がある。加えて，体育的行事では先に述べたような学外での交通事故も起こり得る。

それでは，体育的行事を指導する教員はどの範囲まで注意を払えばよいのか。次項の裁判例を通して検討する。

（3）体育的行事における教員の注意義務を理解する

体育的行事において教員が果たすべき注意義務の範囲は，次の裁判例に明瞭に示されている。

判例1 ▷ **教員が注意義務を果たしたと認められた例**

・**概要**

高校の体育祭での棒倒し競技中に，原告生徒が対戦相手の生徒に腹部を蹴られて転倒し，踏みつけられて脾臓破裂等の重傷を負った（福岡地裁小倉支部／判決 平成4年4月21日）。

・**裁判所の判断**

この裁判において教員の注意義務違反は認められなかった。その根拠として，①ルール説明，暴行行為に対する罰則を告げるなど事前の指示・注意があったこと ②競技中に約10名の審判の教員を配置し，故意による暴力行為の有無や，それを見分けることができる位置で生徒の動静を監督，監視していたこと ③学習指導要領に基づいた計画策定であったこと ④事故後，症状に応じた措置を講じたことの4点を挙げることができる。

判例2 ▷ **教員の過失が認められた例①**

・**概要**

高校の体育授業における人間ピラミッド練習中，高さ5mにおよ

ぶ8段のピラミッドが崩落して生徒が下敷きとなり，第四頸椎骨折の重傷を負った（福岡地裁／判決 平成5年5月11日）。

・裁判所の判断

教員が，8段ピラミッドが極めて困難で危険性のあることを十分に認識せず，これを安易に採用したことや，生徒らの危険回避の方法等の工夫，ピラミッド組立てのための段階的な練習と指導をすることなく，練習2日目で5段以上の高段を目指したことにより生じたと指摘されている。

|判例3|▷ 教員の過失が認められた例②

・概要

高校の体育祭での騎馬戦に参加した生徒が他の騎馬に押されて倒れ，第四頸椎脱臼の重傷を負った（福岡地裁／判決 平成11年9月2日）。

・裁判所の判断

練習時に騎馬の倒壊の仕方や組み手の外し方等を説明・指導すべき義務，そして危険に対する監視体制を整える義務を怠った過失が認められた。

|判例4|▷ 教員の過失が認められた例③

・概要

高校の強歩大会中に，既往症等のなかった生徒が突然倒れて死亡した（さいたま地裁／判決 平成30年12月14日）。

・裁判所の判断

この事故で不備があったとされたのは，①緊急事態における指揮監督者を，その代理順位を含めて決めていなかったこと ②教職員全員に携帯電話の携行など即時の通報手段を確保していなかったこと ③緊急事態を覚知した者がどのタイミングでいかなる情報を通報するか明らかにしていなかったこと ④指揮監督者の判断および指示に従って，誰にどのルートおよび方法でAED（自

動体外式除細動器）を事故現場へ搬送させるかなどを明らかにしていなかったこと，そして，⑤その救護体制を教職員全員に周知できていなかったことの5点である。もちろん，AEDそのものの準備や一定の役割分担はなされていた。しかし，実際には関わった教員が各自の判断で行動し，組織的な緊急対応が成立しなかったのである。

以上の裁判例から，体育的行事における教員の注意義務は【計画策定】【事前指導】【競技中の監督体制】【事故発生時の緊急対応】にまとめることができる。教員は構想段階から安全管理のための注意を払うことが求められており，その範囲は存外広いことに気づかされる。強歩大会や持久走大会のように学外で実施される場合もある体育的行事においては，とりわけ教員間の連携や競技をする場の把握が不可欠である。加えて，教員は安全確保のために注意を払うだけでなく，当該の運動・スポーツの指導も担っている。安全確保のためだけに教員主導でルールや場を制限すれば，運動・スポーツの魅力に児童生徒が触れることは難しい。このことは，安全に関する指導と運動・スポーツの指導を区別して行うのではなく，それらを一体として捉えることの大切さを物語っている。児童生徒が体育的行事で運動・スポーツのおもしろさを味わいながら，自ら安全を確保する術を身につけられるよう，教員は先に示した4つの視点から活動を見直し，組織として教員の注意義務を履行することが求められる。

2 体育的行事における安全教育

（1）安全な学習環境をデザインする

体育的行事における学習環境は運動場であったり，体育館であったり，はたまた学外の施設や道路であったりと一様ではない。そこで，まずは体育的行事が行われる環境について考えてみよう。

平成29年に改訂された中学校学習指導要領解説特別活動編では，体育的行事実施上の留意点について，「日頃の学習の成果を学校内外に公開し，

発表することによって，学校に対する家庭や地域社会の理解と協力を促進する機会とすること」（p.100）と述べられ，教員と児童生徒，あるいは児童生徒同士という二者間ではなく，他教科・他クラスの教員や児童生徒，保護者，そして地域住民等の第三者が関わる機会を創出することが求められている。たしかに学校は閉鎖的な時空間の確保によって子どもたちの学びを支えてきたが，「開かれた学校」は十分に実現可能であることはすでに指摘されている[10]。もちろん「開かれた学校」は，裏を返せば不特定多数の第三者と児童生徒が対面するリスクにもなるが，教員が安全な学習環境をデザインする努力をすることで，安全に実現可能性を高めることができる。そこで，具体的な運動・スポーツ場面の物的な環境整備については他の章に譲り，ここでは不審者対応を例に取り上げたい。

「学校の危機管理マニュアル作成の手引」（文部科学省，2018）は主として教員を対象としたものであるが，その視点は安全教育にも活用可能である。これによると不審者対応の第一段階は，不審者かどうかを見分けることから始まる。具体的な方法として，①来校者として不自然なことはないかをチェックする ②声をかけて，用件を尋ねる ③正当な理由があっても，名札，リボン，ID カード等をつけていない場合には必ず受付に案内する，が挙げられている。その後，状況に応じて，退去を求める，通報する，児童生徒等の安全を守るといった対応に展開する。これらは教員や保護者がID カードを身につけていることが前提になるが，内容としては児童生徒たちであっても①は実行可能であろう。とりわけ体育的行事であれば，不特定多数の来校者が予想されるため，名札等の着用の有無，不自然な場所への立ち入り，凶器や不審物の所持等がチェックポイントとなる。児童生徒への指導としては，学年集会やホームルーム等でイラストや写真を提示しながら上記の観点で不審者かどうかを判断できているか確かめるとよい。また，挨拶の励行をしている学校は数多く見られるが，その教育的意義だけでなく，リスクマネジメントの観点も踏まえて指導したいものである。特に心がけたい点としては，まずは相手を認めること，そして，相手が手を伸ばしても届かない距離を保つことである。適切な距離感を保った気持ちのよい挨拶は，安全な環境を維持するためにも役立つだろう。

（2）安全な学習過程をデザインする

　体育的行事に普段の授業と異なるイベント的な魅力があるのは確かである。とはいえ，学習活動の一環である以上，そのカリキュラムは十分に検討される必要がある。学校行事の学習過程は中学校学習指導要領解説特別活動編において，**図1**のように例示されている。中でも「体験的な活動の実践」においては自主的な活動が期待されている。しかしながら，体育的行事においては，「児童生徒の自主性をどこまで認めるのか」といった問題も同時に検討する必要がある。先述した8段ピラミッドの事故（**本章の判例2**）では，その前年に7段ピラミッドを失敗したことを受け，生徒たちが8段への挑戦を望んでおり，教員としてはその意図を汲みたい場面である。しかし，坂田（2018）は「高等学校段階の生徒の自主性の限界を画するものとして，留意しなければならない点であろう」（p.87）と述べている。安全管理における「誰が，いつ，どこで，何をするか」*2 といった視点は，教員に限らず児童生徒も有すべきであり，教員は活動を通してその視点を育むことが求められると言えよう。

　筆者の高等学校教員時代，自主性に任せて生徒に競技づくりをさせてみると，生徒が複雑な競技を考案するという場面にしばしば直面した。たとえば，リレーはリレーでも，走るだけでなく玉入れをしてから走る。さらに，その玉入れは敵チームが妨害できるといった具合である。こういった発想自体はなかなかおもしろい。しかしながら，走るコースや使用する球

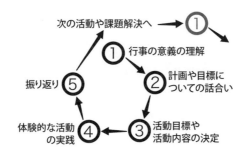

図1　学校行事における学習過程（出典4を参考に筆者作成）

の素材，妨害役が移動できるエリア等，人や物と接触する可能性のある場面が増えていることに発案者である生徒たちが気づいていないことも少なくない。このように競争課題*³が複雑化すると安全面の課題も増えてしまうため，素朴でわかりやすい競争課題の設定が望まれるのである。したがって，生徒の自主性に任せて競技をつくるにしても，教員は構想段階において「この競技で一番楽しんでほしいのはどのようなところかな？」と問いかけ，競争課題を明確にさせるとよい。また，考えた競技を試してみる場に立ち会って安全管理をする際にも，同様に働きかけることができる。

3 体育的行事における安全管理

（1）用具・施設をマネジメントする

① 学校内でのマネジメント

　体育的行事では，極端に使用頻度の少ない用具を使用することが少なくない。たとえば，運動会や体育祭でしばしば行われる綱引きで用いられるロープは，年に1，2回しか使わないということも十分にあり得る。綱引きロープは劣化していると競技中に断裂し，競技者が怪我をする恐れがあるため，事前の安全点検が必須である。具体的には表面のささくれ，ほつれ，摩耗状態を確かめるとともに，繊維の束のねじれのバランスが崩れた状態がないことも確かめる。さらに，保管する際には風通しのよい場所を選び，カビや湿気を避け，ロープを腐食させないように注意する。このような安全点検は定期的に行われることが望ましいが，少なくとも次年度予算の作成前には実施するようにしたい。行事直前に交換が必要であることが明らかになっても，その購入資金が足りないということになりかねないからである。こういったことを避けるために，あらかじめ耐用年数*⁴を確認しておくのも有効である。

　また，運動会や体育祭では熱中症予防，急な降雨への対応，待機場所の明確化などの観点からテントが設置されることが多く，中高生であれば，それらの準備や片付けにも積極的に関わることになる。テントは，組立式であろうとワンタッチ式であろうと相応の重量があるため，指を

挟んだり，足の上に落としたりしないように注意する必要がある。テント本体だけでなく，テントが強風で飛ばされないように錘（おもり）を置くこともある。こういった物も含めて運搬時には台車を用いるようにしたり，十分な人数を割り当てたりといった事前の指示をするとよい。

体育的行事では学習活動の一環として，児童生徒がオリジナルの用具を作成する可能性もある。その場合は教員立ち会いの下，児童生徒たちに操作させて安全性が担保されているか確かめる必要がある。

② 学校外でのマネジメント

持久走大会やマラソン大会のように校外で実施する場合，使用場所の許可を得なければならない。公道で実施する場合には所轄警察署への競技中の交通規制の依頼だけでなく，道路を横断する箇所には教員を配置して競技中の児童生徒の安全を確保することが求められる（**図2，図3**）。また，学外組織への協力を要請する際には目的や人数，使用する時間帯等を明瞭に伝える必要があるため，準備や片付け，児童生徒の集合・解散を考慮した計画を立てておくことが肝要である。

実施場所の下見では，危険箇所の確認だけでなく，児童生徒の動線（通路，交通手段）も考慮する。遠隔地の場合には着替えやトイレの場所，集合場所等の情報に加えて使用時のルールや経路も含めた配布資料を用意しておくと児童生徒も理解しやすい。教員向けには，救護や観察等の役割分担，緊急対応時の連絡体制，移動ルート等をあらかじめ連絡しておく。

図2 警察による交通規制

図3 横断箇所への教員配置

（2）学習活動をマネジメントする

　体育的行事は正課の授業と異なり，長期間にわたって定期的に時間を割くことが難しい学習活動である。したがって必然的に単元を組んでの学習活動が展開しにくく，行事の直前になって集中的に準備することになりがちである。しかし，そのような短期集中型で子どもたちを追い込む指導をせずとも，たとえば組体操を体育科・保健体育科における「体つくり運動」領域の教材の１つとして位置づけることもできる[9]。ただし，行事のために授業を展開するのではなく，授業の延長線上に行事があるということが前提となる。体育的行事は日々の学習の成果を示す場であることから，正課の授業との関連づけの可能性については，教員として常に意識しておきたい。

　ここでは，持久走大会を例として対人管理のポイントについて解説する。正課の授業（「体つくり運動」領域）と関連づけるならば，単元を通した目標を明確化し，解決すべき課題を児童生徒に認識させることから始める。そして，単純な走力に偏らない多様な評価の観点を用意し，児童生徒がお互いに認め合える場を設定する。もちろん持久走大会における順位は，児童生徒たちにとって大変重要な評価基準である。とはいえ，持久走大会に関わる教員，保護者，地域の人々が狭量な評価しかできないのであれば，児童生徒にとっても順位がすべてになってしまう。日々の体育授業で児童生徒たちは優劣を決めることを学んでいるのではない。持久走大会においてもそれは同様であり，仮に順位を争うことに夢中になったとしても，それによって何を学ぶのかという点が重要なのである。学習内容を明瞭にするため，典型的には過去のタイムや順位，走行距離等と比較する個人内評価を用いることが考えられる。加えて，近年ではフィットネストラッカーによって心拍数等の生理的な指標を学習対象とすることも可能になっている[*5]。このことは児童生徒が自らの心身に関するデータを収集することに他ならない。教員がそれらの解釈を手助けすることを通して，児童生徒たちは無理なく，安全に持久走大会で「限界」を探究できる。このようなシステムの確立によって，教員の一方的な安全管理に留まらず，児童生徒自身や児童生徒相互の安全管理が成り立つ。

生涯スポーツにつながる個人内評価を成立させるためには，児童生徒自身が多様な評価を認めるように育つことが肝要である。そして，それを育むのは他でもない教員である。とりわけ，体育的行事の場合は体育科・保健体育科が専門ではない教員も指導を担当する可能性がある。このことを念頭に置いた組織的な学習活動が展開されることが期待される。

（齋藤 祐一）

注

* ＊1 https://www.jpnsport.go.jp/anzen/anzen_school/anzen_school/tabid/822/Default.aspx（2022年3月11日閲覧）
* ＊2 伊佐野（2020）は，体育・スポーツ活動における安全な「場の設定」に注意を払うことに言及しており，その中で「実施の順序」や「実施時間」をあらかじめ決定することの重要性を指摘している。
* ＊3 鈴木（2010）は，競り合いの直接的な対象となる課題を「競争課題」と呼んでいる。
* ＊4 用具の耐用年数については，当該用具の取扱説明書および財団法人日本体育施設協会「事故防止のためのスポーツ器具の正しい使い方と安全点検の手引き」を参考にされたい。
* ＊5 たとえば，心拍数のモニタリングは安全管理の面でも有効である。児童生徒が即時的に心拍数を把握し，最大心拍数に近づいたらペースを調整したり，休んだりしていたことを齋藤（2014）は報告している。

引用・参考文献

1）伊佐野龍司（2020）体育・スポーツ活動と負傷・傷害．渡邉正樹 編著，学校安全と危機管理 三訂版．大修館書店．pp.127-144.
2）文部科学省（2017a）第5章 特別活動．中学校学習指導要領．東山書房．pp.162-169.
3）文部科学省（2017b）第1章 総説．中学校学習指導要領解説保健体育編．東山書房．pp.1-23.
4）文部科学省（2017c）第3節 学校行事．中学校学習指導要領解説特別活動編．東山書房．pp.92-112.
5）文部科学省（2018）不審者侵入への対応．学校の危機管理マニュアル作成の手引．pp.24-31.
6）齋藤祐一（2014）高等学校保健体育科における持久走授業の実践：主観的尺度と客観的尺度の両面からのアプローチ．東京学芸大学附属高等学校研究紀要51，

pp.51-59.

7）坂田仰（2018）組み体操ピラミッドの危険性―高等学校・体育祭―．裁判例で学ぶ学校のリスクマネジメントハンドブック．pp.84-87．時事通信社．

8）鈴木理・青山清英・岡村幸恵・伊佐野龍司（2010）価値体系論的構造分析に基づく球技の分類．体育学研究55, pp.137-146.

9）山口孝治（2018）小中学校における健康安全・体育的行事の課題と展望：新学習指導要領における特別活動のねらいから考える．佛教大学教育学部学会紀要17, pp.123-132.

10）渡邉正樹（2020）学校安全管理の実際.渡邉正樹 編著,学校安全と危機管理 三訂版.pp.145-158．大修館書店.

体育的行事の
安全チェックリスト

体育的行事の開始前

- ☐ 教員は，体育的行事における事故の実態や傾向について理解している
- ☐ 主担当の教員は，指導計画を作成し，関係するすべての教員に了解を得ている
- ☐ 教員は，保護者から体育的行事参加の了解を得ている
- ☐ 教員は，公道等を使用する場合，自治体や警察から開催許可を得ている
- ☐ 教員は，近隣住民に体育的行事開催のお知らせをしている
- ☐ 教員は，緊急対応マニュアルを作成している

体育的行事の練習時，当日

- ☐ 教員は，児童生徒の健康状態を確認している
- ☐ 教員は，事前の指導において競技のルールについて説明している
- ☐ 教員は，児童生徒が考えた競技のルールの安全性を確かめた上で児童生徒や他の教員に周知している
- ☐ 教員は，用具の適切な使用方法について説明し，児童生徒はそれを理解している
- ☐ 教員は，携帯電話等を携行し，常に連絡可能な状態を維持している
- ☐ 教員は，競技中の児童生徒をもれなく監督できるよう，適切に配置されている

　校務をつかさどる校長が管理する対象として，学校教育活動全般である「教育課程」とともに，いわゆる「ヒト・モノ・カネ」と言われる「人の管理」「物の管理」「金銭の管理」がある。このうち最も大切なのが「人の管理」である。管理職（校長,副校長,教頭）は，各学校で整備されている事件・事故の未然防止対策，発生時の初期対応・事後対応などのための学校安全計画や危機管理マニュアルなどを機能的かつ円滑に実施するために，それを実際に動かす教職員と，教職員が指導・監督する児童生徒のそれぞれに対して働きかけることが求められる。ここでは，これら「人の管理」について，2つの観点で取り上げたい。

1　タテとヨコの人間関係の構築

　学校においては，管理職，教職員，児童生徒に関係諸機関を加えた「タテ」の関係，教職員間や児童生徒間などの「ヨコ」の関係が機能する体制の確立に努めなければならない。

　特に保健体育科においては，安全に関するルールや授業規律指導などを教員間の共通理解とし，同一歩調で指導できると効果的である。さらに管理職は，体育主任との連携を密にしながら，授業参観等を通じて安全面で気づいた点などについて教員間でアドバイスし合える関係性を整えておきたい。また，施設・用具の安全管理には日頃の点検や整備が必要で，その監視体制や補充・新設について，管理職と保健体育科教員，事務職員との連携が円滑に機能することが必要である。

　児童生徒も，体育授業におけるルールを理解し，習慣化することで，自然と規律ある安全な行動がとれるようになる。安全・安心が確保された体育授業やスポーツ活動では，指導内容もより充実したものとなり，児童生徒間の関係性もよいものになりやすい。

2　各学校の実態に即した研修の工夫

（1）校内で工夫する

　災害や事故はいつ起こるかわからないので，教職員の危機管理意識を常に高く保っておく必要がある。日々の教育活動の中で実際に体験した小さな事故や「ヒヤリハット」の出来事を少人数グループで出し合い，それを全体で共有し，対策を講じるような研修を定期的に開いておくと効果的である。管理職としても，児童生徒に最も近い教員の声は，課題についての情報収集につながる。

（2）校外の知見を活かす

　体育主任等の外部研修への派遣を積極的に進め，授業中の事故を減らすための工夫や，安全に関する意識を常に高く持つための他の教員への周知を行う体制も大切である。管理職は保健体育科の教育研究組織に所属していることが多いため，各校の先進的な安全管理・指導や研修への取り組みに関心を持ち，積極的に自校に取り入れることが必要である。そのためにも，管理職と体育主任を中心とした保健体育科教員との連携が大切になってくる。

（3）「体制づくり」を重視する

　最後に，管理職は教職員の「管理や指導」のみでなく，児童生徒の安全・安心を管理し指導する「体制づくり」にも重点を置くべきだということを強調しておきたい。多様な児童生徒が在籍する学校では，児童生徒の予期せぬ行動や，運動習慣の二極化による体力や運動能力の格差に起因する想定外の事故もある。また，異常気象により熱中症が多発している昨今の状況なども踏まえ，管理職と教職員が連携し，マニュアルを参考にしつつ柔軟に対応できる能力や知識を持つことが大切である。日常の「ヒヤリハット」をそのままにしない仕組みづくり，事故発生時に全教職員が速やかに機動的に対応できる体制を築いておきたい。

（赤松　敏之）

おわりに

　スポーツは，日本では学校体育を中心に発展してきたが，今や国民の生活になくてはならないものとなった。

　体育・スポーツの発展に係る大きな出来事を振り返ると，2011年8月24日にスポーツ基本法が施行され，2015年10月1日にはスポーツ庁が設置された。また，1950年設立の「日本体育学会」が，2019年に「日本体育・スポーツ・健康学会」へと学会名を変更した。

　その間，国民体育大会や1964年の東京オリンピック，1972年の札幌での冬季オリンピック，1998年の長野での冬季オリンピック，さらに2020東京オリンピック・パラリンピックなどを経て，徐々にスポーツに関するインフラ整備が進んできた。さらに，JリーグやBリーグをはじめとして競技スポーツがプロ化に取り組み，中学校部活動では週末地域移行等も進められている。

　このような背景もあり，体育・スポーツ指導者の活躍の場は，学校教育現場にとどまらず，プロ・実業団チーム，地域スポーツクラブ，フィットネスクラブなど，拡大し続けている。

　一方，近年は地球温暖化，自然災害，新型コロナウイルス感染症の流行など，社会生活に大きな影響を与える出来事が続いている。とりわけ2011年3月11日の東日本大震災，2018年の西日本豪雨災害は記憶に新しい。また，2019年に初めて感染者が報告された「新型コロナウイルス感染症（COVID-19）」が，これほどにも急速に拡大し，社会全体が大きな影響を受けることを，誰が想像できただろうか。

　近年の地球環境の変化は大きく，「熱中症」対策は体育・スポーツの実施に際し，もはや義務と言える。屋外での実技指導では，自然の脅威を受け止め，危機管理体制を図り，ケガの防止はもちろん，参加者の命を守り，安全で効果的な専門的指導をすることが益々重要となっている。

　これまでも体育・スポーツ指導者は，実技を行う時期・時間，場所，

参加者特性，種目内容により，どこに，どんなリスクが潜んでいるか等のシミュレーションを行い，危険を予防し，回避させ，危機による被害を最小限にとどめ，予防できない天災などの危機に対しては，事前準備としての危険の予防（Risk management）と，危機事態の発生後の対処（Crisis management）の体制づくりを行い，日頃からの準備による素早い対応と防止のための対策を講じている。

　実技指導における危険な状態とは，「知識がない」「技術がない」「情報がない」「準備をしない」「確認しない」ことである。我々体育・スポーツ指導者は，専門教育により，「危険予知義務」「危険回避義務」「危険受認の法則」「保険管理義務」を理解し，「危険であるから実施しない」のではなく，「危険であるからこそ専門教育を充実させ，安全に実施できる教育と実施体制をつくる」ことに注力している。

　現在，本学を含め体育・スポーツ系の学部を有する大学は，全国に約 50 校存在する。少子超高齢化，人口減少が進む中，環境学習・危機管理の理論と実践は必須の課題であり，質の高い体育・スポーツの指導者養成は益々必要とされるだろう。

　本書は，まずは学校教育に焦点を当て，学生たちが将来指導者となった時に活用されることを期待し作成したものである。果たして体育実技では1クラスに1名の教員という指導体制が本当に安全であるのだろうか—。本書のチェックリスト等を参考に，実技担当者が今一度，安全管理体制を見直し，「安全」で「楽しく」「効果的に学習成果に結びつく」実技指導とは何かを問うていただければ幸いである。また，現場では事故後にどのように保護者や関係者への連絡を取ればよいかといった問題も重要である。状況に応じた，丁寧で適切な対処方法も日頃から検討いただきたい。

　近年のテクノロジーの発達は，体育・スポーツ分野の可能性も広げている。ウェアラブルデバイスによる身体負担度の安全管理等，体育・スポーツにおける DX（デジタルトランスフォーメーション）の導入も

加速し，体育・スポーツの在り方そのものが変わる可能性もある。

　いずれにしても体育・スポーツは，人類に欠かせないものであるから，体育・スポーツ指導者は必要である。これからの時代に向けて，指導者養成を担う高等教育機関としては，常に社会のニーズを把握し，指導者の質の向上と存在意義・価値がさらに高まるよう研究・教育に努めたい。

　最後に，本書を刊行するにあたり，執筆者の先生方をはじめ，編集委員の平塚卓也先生，白石翔先生，約 2 年にわたり丁寧な対応をいただきました大修館書店の内藤千晶様には，心より感謝申し上げます。

令和 4 年 12 月 1 日

環太平洋大学・体育学部長

三浦　孝仁

memo

memo

執筆者一覧 （環太平洋大学教員，執筆順，所属は 2023 年 2 月時点）

平塚卓也＊，※1 ・・・・・・・・・・・・・・・・・・・・・はじめに，序章，第 2 章

久田 孝 ・・・・・・・・・・・・・・・・・・・・・・・・・・・コラム 1

佐々木史之 ・・・・・・・・・・・・・・・・・・・・・・・・・第 1 章

前川真姫 ・・・・・・・・・・・・・・・・・・・・・・・・・・・第 1 章，コラム 12

嘉戸 洋 ・・・・・・・・・・・・・・・・・・・・・・・・・・・コラム 2

保科圭汰 ・・・・・・・・・・・・・・・・・・・・・・・・・・・コラム 3

品田直宏 ・・・・・・・・・・・・・・・・・・・・・・・・・・・第 3 章

梶谷亮輔 ・・・・・・・・・・・・・・・・・・・・・・・・・・・第 3 章

廣重陽介※1 ・・・・・・・・・・・・・・・・・・・・・・・・・コラム 4

明石啓太 ・・・・・・・・・・・・・・・・・・・・・・・・・・・第 4 章

江波戸智希 ・・・・・・・・・・・・・・・・・・・・・・・・・コラム 5

髙山 慎※1 ・・・・・・・・・・・・・・・・・・・・・・・・・コラム 5

早田 剛 ・・・・・・・・・・・・・・・・・・・・・・・・・・・第 5 章－1

仙波慎平 ・・・・・・・・・・・・・・・・・・・・・・・・・・・第 5 章－1

田中耕作 ・・・・・・・・・・・・・・・・・・・・・・・・・・・コラム 6

十河直太 ・・・・・・・・・・・・・・・・・・・・・・・・・・・第 5 章－2

黒川隆志 ・・・・・・・・・・・・・・・・・・・・・・・・・・・コラム 7

古山喜一 ・・・・・・・・・・・・・・・・・・・・・・・・・・・コラム 7

白石 翔＊ ・・・・・・・・・・・・・・・・・・・・・・・・・第 5 章－3

崔 回淑 ・・・・・・・・・・・・・・・・・・・・・・・・・・・コラム 8

矢野智彦 ・・・・・・・・・・・・・・・・・・・・・・・・・・・第 6 章－1

片桐夏海 ・・・・・・・・・・・・・・・・・・・・・・・・・・・第 6 章－1

坂本賢広 ・・・・・・・・・・・・・・・・・・・・・・・・・・・コラム 9

飯出一秀 ・・・・・・・・・・・・・・・・・・・・・・・・・・・コラム 9

浦部隼希※1 ・・・・・・・・・・・・・・・・・・・・・・・・・第 6 章－2

河野儀久 ・・・・・・・・・・・・・・・・・・・・・・・・・・・コラム 10

簀戸崇史 ・・・・・・・・・・・・・・・・・・・・・・・・・・・コラム 10

醍醐笑部※2 ・・・・・・・・・・・・・・・・・・・・・・・・・・・第7章

甲斐久実代※3 ・・・・・・・・・・・・・・・・・・・・・・・・・第7章

小玉京士朗 ・・・・・・・・・・・・・・・・・・・・・・・・・・・コラム11

畑島紀昭 ・・・・・・・・・・・・・・・・・・・・・・・・・・・・・コラム11

嘉門良亮 ・・・・・・・・・・・・・・・・・・・・・・・・・・・・・第8章－1

宮本 彩 ・・・・・・・・・・・・・・・・・・・・・・・・・・・・・・コラム12

石村和博 ・・・・・・・・・・・・・・・・・・・・・・・・・・・・・第8章－2

浅野幹也 ・・・・・・・・・・・・・・・・・・・・・・・・・・・・・コラム13

佐藤正敏※1 ・・・・・・・・・・・・・・・・・・・・・・・・・・・コラム13

和所泰史※1 ・・・・・・・・・・・・・・・・・・・・・・・・・・・第8章－3

平田佳弘 ・・・・・・・・・・・・・・・・・・・・・・・・・・・・・コラム14

齋藤祐一 ・・・・・・・・・・・・・・・・・・・・・・・・・・・・・第9章

赤松敏之 ・・・・・・・・・・・・・・・・・・・・・・・・・・・・・コラム15

三浦孝仁＊ ・・・・・・・・・・・・・・・・・・・・・・・・・・・おわりに

＊　編集委員

※1　元環太平洋大学

※2　筑波大学

※3　日本福祉大学

体育授業のリスクマネジメント実践ハンドブック

©環太平洋大学体育学部, 2023　　　　　　　　　　　NDC374 ／ viii, 247p ／ 21cm

初版第1刷──2023年3月1日

編　者────環太平洋大学体育学部

発行者────鈴木一行

発行所────株式会社　大修館書店
　　　　　　〒113-8541　東京都文京区湯島 2-1-1
　　　　　　電話 03-3868-2651（販売部）　03-3868-2297（編集部）
　　　　　　振替 00190-7-40504
　　　　　　[出版情報] https://www.taishukan.co.jp

装丁・本文デザイン────CCK

印刷所────広研印刷

製本所────牧製本

ISBN978-4-469-26952-9　Printed in Japan